| 学前教师教育系列教材 |

幼儿园教师道德修养与专业发展

主　编：张　晗　陶玉凤

副主编：项慧娟　陶双骥　邹洪升

参　编(按姓氏笔画顺序排列)：

艾桃桃　朱广兵　杨杰兵

赵　如　赵立华

YOU'ERYUAN JIAOSHI
DAODE XIUYANG YU
ZHUANYE FAZHAN

北京师范大学出版集团
BEIJING NORMAL UNIVERSITY PUBLISHING GROUP
北京师范大学出版社

图书在版编目(CIP)数据

幼儿园教师道德修养与专业发展 / 张晗,陶玉凤主编 . —北京:北京师范大学出版社,2021.8(2024.7 重印)
ISBN 978-7-303-27164-1

Ⅰ. ①幼… Ⅱ. ①张… ②陶… Ⅲ. ①幼教人员－道德修养 ②幼教人员－师资培养 Ⅳ. ①G615

中国版本图书馆 CIP 数据核字(2021)第 155971 号

教材意见反馈　　gaozhifk@bnupg.com　　010-58805079
营销中心电话　　010-58802181　　58805532

出版发行:北京师范大学出版社　www.bnupg.com
　　　　　北京市西城区新街口外大街 12-3 号
　　　　　邮政编码:100088
印　　刷:天津市宝文印务有限公司
经　　销:全国新华书店
开　　本:787 mm×1092 mm　1/16
印　　张:12
插　　页:1
字　　数:201 千字
版　　次:2021 年 8 月第 1 版
印　　次:2024 年 7 月第 5 次印刷
定　　价:38.80 元

策划编辑:姚贵平　苏丽娅　　　责任编辑:梁宏宇　姚安峰
美术编辑:焦　丽　　　　　　　装帧设计:焦　丽
责任校对:康　悦　　　　　　　责任印制:陈　涛　赵　龙

致读者

  百年大计，教育为本。教育是人类社会的永恒话题，具有道德价值，教师作为教育事业的主要承载者也必然要承载这种价值。幼儿园教师作为国家实施学前教育的主要力量，其思想政治素养、职业道德水平以及专业水平，直接影响儿童乃至国家和民族的未来。中华人民共和国成立以来，非常重视教师职业道德发展和专业成长，陆续发布一系列教师教育和教师职业道德规范等文件，其中包含学前教育法规政策，基本上建立起一套完整的幼儿园教师职业道德要求和专业规范。党的二十大以来，我国教育事业建设进入新时期，对教师的职业道德修养和专业发展也提出了更高要求。党的二十大报告中提出，深入贯彻以人民为中心的发展思想，在幼有所育、学有所教等方面持续发力。为深入贯彻习近平新时代中国特色社会主义思想和党的二十大精神，深入贯彻落实全国教育大会精神，扎实推进《中共中央　国务院关于全面深化新时代教师队伍建设改革的意见》的实施，进一步加强师德师风建设，中华人民共和国教育部一方面发布《新时代幼儿园教师职业行为十项准则》《幼儿园教师违反职业道德行为处理办法》等文件；另一方面也要求各师范生培养单位加强师范生职业道德教育。本教材就是在此背景下编写的。

  "幼儿园教师道德修养与专业发展"是面向应用型本科、高职高专学前教育专业学生开设的一门专业课，是理论与实践并重的课程。学习本教材需注意理论与实践相结合，注意知识新授与强化巩固相结合，注意专业学习和幼儿园教师资格考试相结合，尽可能通过学习本教材了解幼儿园教师道德修养与专业发展的内涵、价值及其关系，理解幼儿园教师道德修养与专业发展的基本要求和基本保障，掌握幼儿园教师道德修养与专业发展的路径和方法，完成幼儿园教师资格考试备考等工作。

  本教材分为六个单元，分别介绍幼儿园教师职业与专业发展的基本理论，幼儿园教师道德修养的基本要求与内容，幼儿园教师道德修养的养成与道德失范，幼儿园教师专业发展的基本要求与内容，幼儿园教师专业发展的途径、问题与方法以及幼儿园教师道德修养与专业发展的基本保障。每单元以单元导入激发学习兴趣，以思维导图的形式梳理单元知识框架、脉络，以学习目标引导学生注意每单元的重点。

每讲除阐述文字外，还针对性地加入了补充性学习材料。每讲的最后附有一定量的练习题，每单元的最后附有基础练习和单元检测题。本教材注重模块化教学，各单元 4～6 学时不等，共计 32 学时。此外，本教材的编写注重理论与实践相结合，这体现在学时划分上，有 22 学时的理论学习以及 10 学时的实践学习。

本教材是集体智慧的结晶，由苏州幼儿师范高等专科学校张晗教授、宁夏幼儿师范高等专科学校陶玉凤教授共同担任主编，并组织全国部分高职院校多年从事学前教育教学和研究的教师、专家撰写提纲，分工完成编写工作。各单元具体编写者：第一单元为广西幼儿师范高等专科学校艾桃桃，第二单元为铜仁幼儿师范高等专科学校杨杰兵，第三单元为聊城幼儿师范学校赵立华、邹洪升，第四单元为青岛幼儿师范学校赵如、项慧娟，第五单元为宁夏幼儿师范高等专科学校陶玉凤，第六单元为马鞍山幼儿师范学校朱广兵，参考文献由苏州幼儿师范高等专科学校张晗、陶双骥负责。全书后期的通稿工作由张晗、陶玉凤、陶双骥共同完成。彭世华、李家黎、喻韬文参与了前期总体规划和编写组织工作。

需要说明的是，本教材涉及的内容广泛，由于篇幅所限，本次编写不可避免地具有一定的滞后性和片面性，还有诸多优秀的研究成果、教学案例没能选入。此外，限于编者水平、精力等多方面的原因，本教材还存在不足之处，真诚地希望广大读者提出宝贵的修改意见，以便教材的进一步修订。

编者

2021 年 7 月

目　　录

CONTENTS

● ● ●

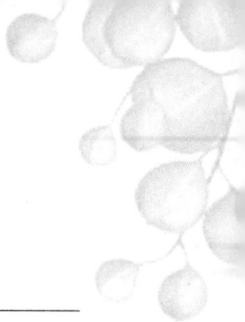

CONTENTS

● ● ●

▶第一单元
▶幼儿园教师职业与专业发展的基本理论

▶单元导入◀

　　了解幼儿园教师的职业特点、角色定位，了解幼儿园教师专业标准的含义与基本框架，了解新时代对幼儿园教师职业行为的最新要求，了解的核心内容是幼儿园教师职业的特点和专业标准，要解决的核心问题是让未来将要成为幼儿园教师的学生深刻地认识到自己工作的特点：既是"职业人"又是"专业人"。新时代的幼儿园教师，承担着传道授业解惑的重任，承载着中华民族的期望，承担着新时代的要求。

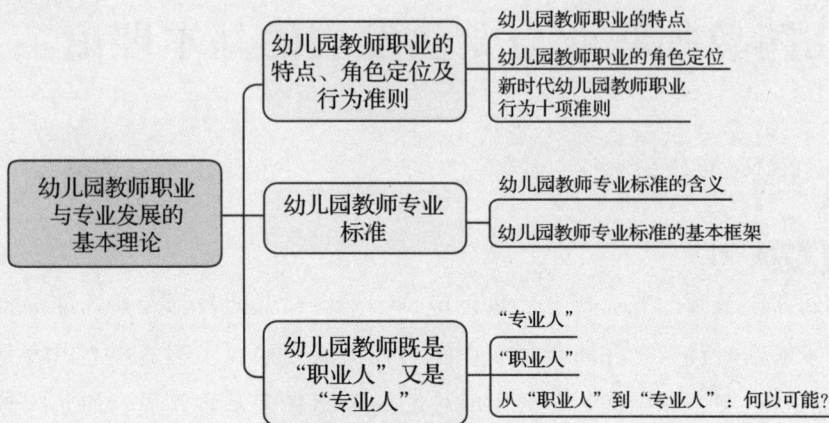

1. 了解幼儿园教师职业的特点、角色定位及行为准则。

2. 了解幼儿园教师专业标准。

3. 理解幼儿园教师既是"职业人"又是"专业人"。

伟大的人民教育家陶行知为了中国教育事业，深入农村，安于"粉笔生涯"三十载。他依靠募捐创办试验乡村师范学校（晓庄学校）等。他那"捧着一颗心来，不带半根草去"的无私奉献精神和"爱满天下"的宽广胸怀，以及身体力行、为人高尚的品质，光照后人。

第一讲

幼儿园教师职业的特点、角色定位及行为准则

头脑风暴

2018 年度全国教书育人楷模应彩云

应彩云老师是上海市杨浦区本溪路幼儿园的一名教师。从教 30 多年来，她在平凡的岗位上做出了不平凡的事迹。作为孩子们的老师，她始终秉持着"孩子是天我是云"的教育理念，关爱每一个孩子的成长，让孩子们都能享受愉快的学习之旅。作为教育工作者，她深信家园合作的力量，通过开设家长讲坛、举行半日活动、发放家教手册、在"市民大讲堂"举办家庭教育公益讲座等方式帮助家长提升家庭教育的质量。作为幼儿园的教学负责人，她关注幼儿园教师队伍的建设，通过带教年轻教师、成立工作室等方式帮助青年教师成长。作为研究型教师，她坚持聚焦课堂的实践研究，始终坚守在教育的第一线，事务再繁忙，每周也要进班两天，与孩子交流，与教师交流。作为幼教名师，她积极分享自己的教育理念，与本区内教师们分享教学经验，与中国教育学会数次主办"早期阅读之情景阅读的研讨会——玩转绘本"专场，还经常参加偏远地区的国培讲学活动……①

思考：1. 幼儿园教师的职业特点是什么？

2. 幼儿园教师有哪些角色定位？

一、幼儿园教师职业的特点 ●●●

幼儿园教师所面对群体的独特性，决定了它具有不同于其他职业甚至不同于其他教育阶段教师的独特性。

（一）工作对象的幼稚性

幼儿是幼儿园教师的工作对象。从生理的角度看，幼儿的身体尚处于发育阶段；

---

① 《为孩子播下一生幸福的种子——记上海市杨浦区本溪路幼儿园教师应彩云》，载《中国教师报》，2018-09-06。本书的案例、文章等内容均根据出版规范进行订正。

从心理的角度看，幼儿的心理发展水平较低，感知觉、意识和思维等需要进一步的发展；从教育的角度看，幼儿主要是学习和掌握浅显的生活常识。这决定了幼儿园教师的工作对象会呈现幼稚性。因此，幼儿园教师必须遵循幼儿的身心发展规律，设计好活动内容和过程，帮助幼儿成长。

（二）工作内容的全面性

学前教育工作的内容纷繁复杂，具有全面性的特点。幼儿园教师不仅要承担幼儿的教育任务，还要承担幼儿的保育任务；不仅要负责幼儿的学习，还要负责幼儿的生活；不仅要完成幼儿园教育保育任务，还要兼顾幼儿家长的情绪。从教育教学的目标看，幼儿园教师要对学前儿童实施德、智、体、美等全面发展的教育，促进其身心和谐发展。从教育教学内容看，主要涉及健康、语言、社会、科学、艺术五大领域，各领域的内容相互渗透，从不同的角度促进幼儿在情感、态度、能力、知识等方面的发展。从教学环节看，自早晨入园开始，幼儿园教师便要关注幼儿的诸多活动。从教学实施途径看，幼儿园教师的教学要以游戏为基本活动，寓教育于各项活动之中。

（三）工作过程的创造性

与其他职业相比，幼儿园教师的工作不能按照固定的模式来操作，也不能通过单纯模仿或机械重复其他教师的教育活动来完成，因为幼儿园教师的工作是"育人"而不是"造物"，这种"人"是不断变化、快速发展的，是有思想有意识的"人"。工作对象的幼稚性和教育情境的复杂性决定了幼儿园教师的工作要有创造性。幼儿园教师要根据不同的教学情境选择和运用不同的教育方法。面对幼儿的各种问题，要能机智地对突发性教育情境做出迅速、恰当的应对。

（四）工作方法的多样性

幼儿园教师的工作方法具有多样性是由工作对象的特点决定的。其一，幼儿园教师工作的对象，是具有不同特点和个性的幼儿个体；其二，幼儿有着不同的兴趣和爱好，不同的能力和性格，不同的学习特点和学习方法，不同的行为和习惯；其三，幼儿正处在身心迅速发展的阶段。工作对象的这些特点决定了幼儿园教师的工作方法具有很大的灵活性和多样性，要求幼儿园教师时刻注意自己的言行举止，做到以身作则，采用多种教学方法向幼儿展示世界的真、善、美。

（五）工作成效体现长期性

十年树木，百年树人。这侧面向我们展示了教育工作是一项长期而又充满挑战性的工作，说明教师的工作呈现长期性和时效性，而学前教育工作成效的周期性更长。由于幼儿学习能力、学习范围、学习自觉意识等方面的原因，与其他阶段的教育相比，幼儿园教师在工作中从幼儿身上获得教学的成就感和满足感相对较低。面对学前教育工作成效的长期性，每位幼儿园教师都应该用长远的目光看待学前教育工作，树立正确的价值观，在思想上充分认识到教育是一项光荣的事业，因为它是"培养人的活动"。

二、幼儿园教师职业的角色定位 ●●●

(一)幼儿身心发展的保护者

幼儿身心发展的特点决定了保育是学前教育的基本工作之一。在学前教育阶段，幼儿心理发育尚未成熟，会表现出敏感、脆弱等特征，极易受到伤害，这就需要幼儿园教师的精心呵护：不仅指对幼儿生理、生活上的照料，更包含着对幼儿个体良好的情绪情感、积极健康的人格、良好的品质等多方面的心理发展予以关注、呵护。幼儿园教师应成为幼儿身心发展的保护者，幼儿园教师需要给予幼儿关爱、鼓励、支持、宽容、理解与尊重。

(二)幼儿学习的合作者

幼儿园教师不但是教学工作的引导者，更是幼儿学习的合作者。幼儿园教师和幼儿在人格、地位上是平等的。幼儿园教师应该成为幼儿学习的合作者，即幼儿园教师要依据教育目标，制订阶段性的教育活动计划和方案，开展并共同参与教学活动，让幼儿、教师和活动成为一个整体。在教学活动中，幼儿园教师应尊重幼儿的个性，为幼儿提供丰富的教学活动材料并营造宽松的活动氛围，努力创设一个幼儿与幼儿、幼儿与教师交往互动的环境，让幼儿乐学、爱学、会学。

(三)幼儿游戏活动的参与者

在游戏活动中，幼儿园教师既是游戏材料的准备者，又是游戏的参与者，更是游戏各个环节的协调者。幼儿园教师的任务是让幼儿愉悦地参与游戏活动。幼儿园教师既要完成教育目标，也要和幼儿一起完成游戏，在游戏中扮演某个角色，这样才能真正地成为幼儿的朋友，幼儿也会不知不觉地听从幼儿园教师的引导和组织。这有利于幼儿形成活泼、开朗的性格。

（四）家园共育的沟通者

《幼儿园工作规程》中指出"幼儿园的任务是：贯彻国家的教育方针，按照保育与教育相结合的原则，遵循幼儿身心发展特点和规律，实施德、智、体、美等方面全面发展的教育，促进幼儿身心和谐发展。幼儿园同时面向幼儿家长提供科学育儿指导"。这说明幼儿的保育和教育是幼儿园与家庭双方的工作任务。在共育过程中，需做好以下工作：一是幼儿园教师应与家长进行有效的沟通合作，共同促进幼儿身心发展；二是部分家长应改变"我把孩子送到幼儿园，那么教育孩子就是幼儿园教师的事情"的教育观念；三是家长应自觉成为幼儿园的合作伙伴；四是幼儿园教师应协助幼儿园与社区建立合作互助的良好关系。

（五）幼儿教育资源的整合者

随着教育改革的不断深化发展，教育资源越来越丰富。现代信息技术也为幼儿园的教育活动带来了新的变化。幼儿园教师应是幼儿教育资源的整合者。一方面，幼儿园教师要整合利用社区教育资源、家庭教育资源和信息技术资源；另一方面，幼儿园教师还要有整合资源的能力和办法，能将人力资源、物力资源、环境资源和文化资源等有效地整合，为幼儿提供空间、设施设备、活动材料等，为幼儿的保育教育活动提供支持。

三、新时代幼儿园教师职业行为十项准则 ●●●

新时代对广大教师落实立德树人根本任务提出新的更高要求，为进一步增强教师的责任感、使命感、荣誉感，规范职业行为，明确教师道德底线，引导广大教师努力成为有理想信念、有道德情操、有扎实学识、有仁爱之心的优秀教师，着力培养德智体美全面发展的社会主义建设者和接班人，中华人民共和国教育部（以下简称"教育部"）制定了面向各级各类教师的职业行为准则。以下是《新时代幼儿园教师职业行为十项准则》的具体内容。

第一，坚定政治方向。坚持以习近平新时代中国特色社会主义思想为指导，拥护中国共产党的领导，贯彻党的教育方针；不得在保教活动中及其他场合有损害党中央权威和违背党的路线方针政策的言行。

第二，自觉爱国守法。忠于祖国，忠于人民，恪守宪法原则，遵守法律法规，依法履行教师职责；不得损害国家利益、社会公共利益，或违背社会公序良俗。

第三，传播优秀文化。带头践行社会主义核心价值观，弘扬真善美，传递正能量；不得通过保教活动、论坛、讲座、信息网络及其他渠道发表、转发错误观点，或编造散布虚假信息、不良信息。

第四，潜心培幼育人。落实立德树人根本任务，爱岗敬业，细致耐心；不得在工作期间玩忽职守、消极怠工，或空岗、未经批准找人替班，不得利用职务之便兼职兼薪。

第五，加强安全防范。增强安全意识，加强安全教育，保护幼儿安全，防范事故风险；不得在保教活动中遇突发事件、面临危险时，不顾幼儿安危，擅离职守，自行逃离。

第六，关心爱护幼儿。呵护幼儿健康，保障快乐成长；不得体罚和变相体罚幼儿，不得歧视、侮辱幼儿，严禁猥亵、虐待、伤害幼儿。

第七，遵循幼教规律。循序渐进，寓教于乐；不得采用学校教育方式提前教授小学内容，不得组织有碍幼儿身心健康的活动。

第八，秉持公平诚信。坚持原则，处事公道，光明磊落，为人正直；不得在入园招生、绩效考核、岗位聘用、职称评聘、评优评奖等工作中徇私舞弊、弄虚作假。

第九，坚守廉洁自律。严于律己，清廉从教；不得索要、收受幼儿家长财物或参加由家长付费的宴请、旅游、娱乐休闲等活动，不得推销幼儿读物、社会保险或利用家长资源谋取私利。

第十，规范保教行为。尊重幼儿权益，抵制不良风气；不得组织幼儿参加以营利为目的的表演、竞赛等活动，或泄露幼儿与家长的信息。

▶ 学以致用

简答题

1. 简述幼儿园教师职业的特点。

2. 简述幼儿园教师职业的角色定位。

3. 简述新时代幼儿园教师职业行为十项准则。

4. 幼儿园教师职业要求工作方法的多样性，具体体现在哪里？

5. 家园共育中幼儿园教师和家长需要做哪些工作？

第二讲

幼儿园教师专业标准

头脑风暴

还有很长的路要走

陈老师是某次教师招聘中学历最高的，江苏大学本科，温言软语，能说会道，很招人喜欢。半个月的适应期过后，在"新教师个人规划"谈心会上，我让教师们各抒己见，陈老师第一个举手说："张园长，原以为我是江大的本科生，做个幼儿园教师绰绰有余，但真到了幼儿园工作后，我才知道差距有多大，我真心希望园长能给我们压担子，有压力才有动力，我不怕苦。"陈老师自知专业能力薄弱，极力要求加入幼儿园的"青苗工作室"，每天中午不休息，勤练美术基本功。陈老师还特意买了钢琴，自己找钢琴老师学习。在短短一年的时间里，陈老师自学考取幼儿园教师资格，我真为她骄傲。[1]

思考： 幼儿园教师需要为自身专业发展做哪些准备？

一、幼儿园教师专业标准的含义 ●●●

专业标准一般是指从事某一专业的人员应达到的准入条件和基本要求。教师专业标准是合格教师应达到的专业基本要求，是教师实施教育教学行为的基本规范和引领自身专业发展的基本准则。[2]

随着中央和地方各种学前教育制度文件的出台和实施，大力发展学前教育成了我国教育事业发展的一道亮丽的风景线。发展学前教育不仅需要建设一批高质量的幼儿园，更需要建设一支师德高尚、业务精良的幼儿园教师队伍。2012 年 2月 10 日，教育部发布了《幼儿园教师专业标准（试行）》，意味着学前教育成为国家教育发展的一个重点领域。《幼儿园教师专业标准（试行）》是国家对合格幼儿园教

---

① 张丽华：《播下"青苗"期待花开——幼儿园教师专业成长共同体建设例说》，载《好家长》，2014(46)。
② 参见岳亚平主编：《学前教育原理》，295 页，北京，高等教育出版社，2014。

师专业素质的基本要求，是幼儿园教师实施保教行为的基本规范，是引领幼儿园教师专业发展的基本准则，是幼儿园教师培养、准入、培训、考核等工作的重要依据。

二、幼儿园教师专业标准的基本框架 ●●●

《幼儿园教师专业标准（试行）》共包括三部分：基本理念、基本内容和实施建议。在"师德为先""幼儿为本""能力为重""终身学习"的基本理念下，该标准对幼儿园教师的专业素质提出具体要求，包括三个维度、十四个领域和六十二条基本要求，对幼儿园教师的专业理念与师德、专业知识和专业能力做了详细阐述，并提出有效的实施建议。这充分体现了幼儿园保教和教育工作的基本特点，也充分反映了幼儿园教师专业标准的具体内容。[①]

（一）基本理念

《幼儿园教师专业标准（试行）》提出"师德为先""幼儿为本""能力为重""终身学习"的基本理念。"师德为先""能力为重"强调了幼儿园教师应德才兼备。"幼儿为本"要求幼儿园教师应尊重幼儿权益，以幼儿为主体，是"师德为先"的延续。"终身学习"要求幼儿园教师教育理论与教育实践能力、保育与教育能力两全，学习能力与反思能力也是不可或缺的。

（二）基本内容

1. 专业理念与师德

专业理念与师德包括四个领域：职业理解与认识、对幼儿的态度与行为、幼儿保育和教育的态度与行为、个人修养与行为。拥有较强烈的认同感，认为在幼教行业也能做出贡献，是做幼儿园教师的重要前提，也是从幼教行业价值观的角度对幼儿园教师的基本要求。

2. 专业知识

专业知识包括三个领域：幼儿发展知识、幼儿保育和教育知识、通识性知识。幼儿园教师需要具备相应的专业知识作为开展幼儿园保育和教育活动的基本保障。由于幼教工作的特殊性，幼儿园教师的专业知识也具有不同于其他教育阶段教师的特点。

---

① 本书第四单元第三讲对此进行详述，此小节只涉及基本框架概述。

基础进行理论推演，从教育理论研究的视角对幼儿园教师职业身份的界定，而这种界定实质上是对幼儿园教师职业身份的权威吁求，以期引起社会对幼儿园教师的关注，提高幼儿园教师队伍整体的专业水平。

第三，"专业人"是幼儿园教师专业化运动的"标杆"。20 世纪二三十年代，世界范围内的教师专业化运动拉开帷幕。20 世纪 80 年代以来，教师专业化运动达到空前的高度。我国幼儿园教师专业化运动则在进入 21 世纪以后发展较为迅速。国务院发布《国家中长期教育改革和发展规划纲要（2010—2020 年）》，号召"努力造就一支师德高尚、业务精湛、结构合理、充满活力的高素质专业化教师队伍"；教育部发布《幼儿园教师专业标准（试行）》《教师教育课程标准（试行）》，规范幼儿园教师的培养和培训；教育行政部门推行幼儿园教师资格认定办法；高等师范院校探究、践行"卓越幼儿园教师培养计划"；国家针对幼儿园园长、教师等群体开展"国培计划"。成为"专业人"是这场全国范围内的、自上而下的、有组织有保障的群体性活动的目标。"专业人"是幼儿园教师的专业发展与队伍建设的一个"标杆"，它引领着相关社会组织和幼儿园教师为实现目标付出坚持不懈的努力。

综上所述，"专业人"是国家、学术研究者以及幼儿园教师专业化运动对幼儿园教师职业身份的合法、合理、合乎实践基础的价值诉求与美好愿景。

二、"职业人" ●●●

幼儿园教师职业身份的实然状态基于"专业人"必备的外在条件和内在条件，我们选取三个层面考察并分析幼儿园教师职业身份的实然状态，即考察社会公众对幼儿园教师职业身份的认识，分析幼儿园教师的社会地位；考察幼儿园教师资格认证和幼儿园教师招聘制度，分析幼儿园教师的准入标准；考察在职幼儿园教师的专业伦理与专业自主，分析幼儿园教师的职业成熟度。[①]

第一，社会中仍存在幼儿园教师是技术含量较低的"职业人"的观点。在我国幼儿园教师职业变迁的历史进程中"职业人"的形象由来已久。我国历史上制度化的幼儿园教师始于清朝政府发布的《奏定蒙养院章程及家庭教育法章程》，该章程规定由乳媪和节妇担任幼儿的教师，其职责是对幼儿进行保育活动。在当时的历史背景下，其资历和职责类似于现代社会中的"保姆"。1952 年，中华人民共和国发布《幼儿园暂行规程（草案）》，以"教养员"指称现代意义上的幼儿园教师，并指出"教养员"对幼儿

① 参见张丽华：《播下"青苗"期待花开——幼儿园教师专业成长共同体建设例说》，载《好家长》，2014(46)。

负全面教养的责任，其本质仍旧属于"职业人"的范畴。改革开放之后，我国虽然发布《幼儿园工作规程》《幼儿园教育指导纲要（试行）》等文件，强化幼儿园教师职业的专业意识，但随着部分地区"幼儿园教育市场化"改革的推行，幼儿园教师由"公家人"变成"打工者"，社会公众对幼儿园教育是否属于义务教育体系、幼儿园教师是否与中小学教师享受同样的待遇仍旧存在质疑，幼儿园教师是"职业人"的观点在社会中仍存在。

第二，未经过专业培养与训练的"非专业人"被允许进入幼儿园教师队伍。"经过长期的、专门的培养与训练"是"专业人"的必备条件。目前，社会成员被允许进入幼儿园教师队伍应经过两个环节，即幼儿园教师资格认定和幼儿园教师招聘考试。那么，这两个环节是否对准幼儿园教师"经过长期的、专业的培养与训练"这一专业要求严格把关呢？1995年发布的《教师资格条例》和2000年发布的《〈教师资格条例〉实施办法》规定，非全日制师范教育类毕业人员参加教师资格考试合格后也可以申请幼儿园教师资格。这说明，没有经过学前教育专业学习的社会成员，只要具备幼儿园教师资格认定中的其他条件，也被允许持有幼儿园教师资格证书，"长期的、专业的培养与训练"并不是幼儿园教师资格认定的必备条件。当然，持有幼儿园教师资格证书是社会成员成为幼儿园教师的必要不充分条件，幼儿园教师招聘考试才是真正成为幼儿园教师的必经之路。对教育行政部门公布的公办幼儿园教师招聘考试制度进行分析，我们发现部分地区招聘公告中要求"专业不限"，即没有经过学前教育专业学习的社会成员也被允许进入幼儿园教师行业；部分地区对持有教师资格证书的要求是"幼儿园及以上的教师资格证书"，即社会成员如果持有中小学教师资格证书也可以成为幼儿园教师。

第三，在职幼儿园教师群体的专业伦理、专业自主状况有待改善。"专业人"应该具有服务的理念和专业伦理，幼儿园教师的专业伦理是为了更好地履行保育和教育的职责，是幼儿园教师所应该拥有的专业信念、专业价值观以及自我约束的原则和行为底线。我国幼儿园教师队伍庞大且处于不同的生存状态，幼儿园教师群体内部存在失衡现象，部分幼儿园教师专业伦理缺失。近几年，幼儿园教师专业伦理问题逐渐变成了社会关注的焦点问题。另外，"专业人"应该"享有有效的专业自治"，作为"专业人"的幼儿园教师应该拥有专业自主权，即不受非专业外界的干预，依照专业知识，履行自身的专业角色。然而，在幼儿园实践场域中，当教育效果与教育预期产生出入时，幼儿园教师是被问责的第一人，这冲击了幼儿园教师对自身专业知识、专业能力的信心，影响幼儿园教师的专业自主意识。在目前幼儿园普遍采用的管理模式下，幼儿园教师被看作客观对象加以考核、评价，导致幼儿园教师的专业自主权受限。如果从"职业人"到"专业人"之间以专业化水平作为依据建立一个谱系的话，幼儿园教师群体在这个谱系中依旧处于技术含量较低的"职业人"状态。

三、从"职业人"到"专业人"：何以可能？ ●●●

当前，幼儿园教师的职业身份存在一定矛盾，应然取向的"专业人"与实然状态的"职业人"之间存在较大反差。那么，幼儿园教师如何从这种矛盾的职业身份中脱离出来，走向政策、理论、改革中所建构的"专业人"形象呢？以往幼儿园教师专业化运动的主要思路是促进幼儿园教师自身的专业发展，希望以此赢得社会对幼儿园教师"专业人"的认可。诚然，专业发展是幼儿园教师成为"专业人"必不可少的一部分，然而实践证明，仅仅依靠幼儿园教师自身的力量是远远不够的。当前背景下，还应重视建构保障幼儿园教师专业自主的幼儿园支持系统。

首先，稳步提升幼儿园教师的社会地位。社会公众在一定程度上误读了幼儿园教师这个职业，而造成误读的主要原因有三个。

第一，学前教育作为国民教育体系的开端与基础，社会公众容易忽视幼儿园教师的职业价值。

第二，中小学教师的工作目标是通过教育教学活动让学生掌握特定的学科知识和技能，而且可以通过分数、等级测量学生的发展，评定教师的劳动效益；而幼儿园教师的工作目标是在游戏活动中培养幼儿良好的生活习惯、学习习惯与性格品质。幼儿园教师的工作成果难以被量化，容易遭到社会公众的质疑。

第三，从国家层面上说，需要通过法律的形式明确学前教育的性质和地位，确保幼儿园教师与中小学教师享有同等的身份与待遇，提高幼儿园教师的社会地位。目前，学前教育的基础性、公益性、福利性在学术研究层面已得到广泛的认可，在《幼儿园教育指导纲要（试行）》《国家中长期教育改革和发展规划纲要（2010—2020年）》等国家发布的纲领性文件中也有零散的表述。2020年9月7日，教育部发布《中华人民共和国学前教育法草案（征求意见稿）》，并面向社会公开征求意见。当下，仍需进一步推进相关立法工作。

其次，修订幼儿园教师职业资格标准，规范幼儿园教师招录制度。我国现行的幼儿园教师职业资格标准在过去一段时间里对幼儿园教师队伍建设起到过不可忽视的作用，然而在教育事业迅猛发展的今天已经表现出局限性，具体有以下三点。

第一，随着三级师范向二级师范的转换，目前学前教育专业师范生的学历要求与当前高等教育普及化的社会背景不相匹配。

第二，幼儿园教师资格考试报考条件除了有明确的学历规定，对于专业学习历程、专业伦理、实习经历等暂无明确规定，这与专业化的学前教育师资培养理念不相符合。

第三，《教师资格条例》第五条规定"取得教师资格的公民，可以在本级及其以下等级的各类学校和其他教育机构担任教师"，也就是说持有中小学教师资格证书的人也可以在幼儿园任教，而这种向下兼容的制度显然不能适应幼儿园教师工作的实际要求。因此，教育主管部门应结合当前学前教育师资培养的理念，进一步完善幼儿园教师职业资格准入制度，提高幼儿园教师职业资格的专业鉴别力。另外，在"省级统筹、以县为主"的学前教育管理体制下，公办幼儿园教师的招聘一般由县级人民政府的教育部门和人事部门依据国家或者所在省的事业单位人员招聘制度组织招聘。而民办幼儿园教师招聘则由幼儿园举办方组织，其招聘过程随意性较大。因此，国家有必要依据《中华人民共和国教师法》《教师资格条例》《幼儿园教师专业标准（试行）》出台民办幼儿园教师招聘标准，继而各省（区、市）依此出台省（区、市）内幼儿园教师招聘细则或招聘办法，将民办幼儿园教师招聘制度化，以此规范民办幼儿园教师招聘的条件和程序，确保幼儿园教师的专业素质。

最后，建构保障幼儿园教师专业自主的幼儿园支持系统，为教师"赋权增能"。在幼儿园实践场域中，教师专业自主的缺失表现为理念、行动上对领导和专家的盲目跟从，这种行为常常并不是他们经过深思熟虑后做出的退让，而是源于他们的习惯与在进行实践的场域中无意识的契合关系，它体现了社会支配关系的体制化。因此，在幼儿园教师成为"专业人"的道路上，需改变幼儿园实践场域中存在的陋习，建构保障幼儿园教师专业自主的幼儿园支持系统，从根本上为幼儿园教师"赋权增能"。"赋权增能"有两层含义：第一层，把国家规定的本应该属于幼儿园教师的法定权利转化为实践中的"实际权利"，如幼儿园教师的课程设计权、参与组织决策权、专业发展权等；第二层，唤醒幼儿园教师的专业自主意识，要求幼儿园教师有能力行使其权利，即教师通过不断的反思与学习，基于专业能力有信心地采取行动，实现真正的专业自主。为了保障幼儿园教师的"赋权增能"，建议在幼儿园管理体制上，采用科层取向与专业取向的交融，即保留具有科层性的"行政组织界面"，又建立具有合作特征的"学习型组织界面"，强化、鼓励教师自主权的发挥，为幼儿园教师的专业自主建构幼儿园支持系统。

▶ 学以致用

简答题

1. 幼儿园教师是"专业人"体现在哪些方面？

2. 幼儿园教师作为"职业人"的现状如何？

3. 幼儿园教师如何实现从"职业人"到"专业人"的转变？

▶ 拓展阅读

1. 王北生主编：《当代教育基本理论论纲》，北京，人民教育出版社，2012。

2. 王丽荣：《池田大作德育理论及其实践》，哈尔滨，黑龙江教育出版社，2012。

3. 郑毓信：《数学教育哲学的理论与实践》，南宁，广西教育出版社，2008。

4. [美]阿兰·柯林斯、[美]理查德·哈尔弗森：《技术时代重新思考教育：数字革命与美国的学校教育》，陈家刚、程佳铭译，上海，华东师范大学出版社，2013。

5. [美]巴格托、[美]考夫曼主编：《培养学生的创造力》，陈菲、周晔晗、李娴译，上海，华东师范大学出版社，2013。

6. [美]卡伦·博林、[美]德博拉·法默、[美]凯文·瑞安：《在学校中培养品德：品德教育实践导引》，王婷译，北京，教育科学出版社，2012。

7. [美]钱德勒·巴伯、[美]尼塔·H.巴伯、[美]帕特丽夏·史高利：《家庭、学校与社区——建立儿童教育的合作关系》，丁安睿、王磊译，南京，江苏教育出版社，2013。

8. [美]约翰·D.布兰思福特、[美]安·L.布朗、[美]罗德尼·R.科金等编著：《人是如何学习的：大脑、心理、经验及学校(扩展版)》，程可拉、孙亚玲、王旭卿译，上海，华东师范大学出版社，2013。

9. [美]约翰·I.古德莱德、[美]罗杰·索德、[美]肯尼思·A.斯罗特尼克主编：《提升教师的教育境界：教学的道德尺度》，汪菊译，北京，教育科学出版社，2012。

▶ **基础练习**

单项选择题

1. 幼儿园教师职业的特点，正确的是(   )。

A. 工作对象的幼稚性、工作内容的全面性、工作过程的创造性、工作方法的多样性、工作成效的长期性

B. 工作对象的成熟性、工作内容的全面性、工作过程的创造性、工作方法的多样性、工作成效的长期性

C. 工作对象的幼稚性、工作内容的全面性、工作过程的单一性、工作方法的多样性、工作成效的长期性

D. 工作对象的幼稚性、工作内容的全面性、工作过程的创造性、工作方法的多样性、工作成效的短期性

2. 幼儿园教师职业的角色定位，正确的是(   )。

A. 幼儿身心发展的养护者、幼儿学习的指挥者、幼儿游戏活动的参与者、家庭共育的沟通者、幼儿教育资源的整合者

B. 幼儿身心发展的养护者、幼儿学习的合作者、幼儿游戏活动的参与者、家庭共育的沟通者、幼儿教育资源的整合者

C. 幼儿身心发展的养护者、幼儿学习的合作者、幼儿游戏活动的教导者、家庭共育的沟通者、幼儿教育资源的整合者

D. 幼儿身心发展的养护者、幼儿学习的合作者、幼儿游戏活动的参与者、家庭共育的沟通者、幼儿教育资源的提供者

3. 幼儿教师专业标准基本内容，正确的是(   )。

A. 专业理念、专业知识、专业能力

B. 专业师德、专业知识、专业能力

C. 专业理念和师德、专业知识、专业能力

D. 专业理念和师德、专业水平、专业能力

4. 幼儿教师专业知识包括(   )。

A. 幼儿发展知识、幼儿保育和教育知识、通识性知识

B. 幼儿发展知识、幼儿教育知识、通识性知识

C. 幼儿发展知识、幼儿保育知识、通识性知识

D. 幼儿发育知识、幼儿保育和教育知识、通识性知识

5. 幼儿园教师专业标准的基本理念，正确的是（　　）。

A. 师德为重、幼儿为本、能力为先、终身学习

B. 师德为先、幼儿为重、能力为本、终身学习

C. 师德为本、幼儿为先、能力为重、终身学习

D. 师德为先、幼儿为本、能力为重、终身学习

▶ **实践训练**

　　王某希望去幼儿园任教。问及原因，他回答："教师工作轻松、悠闲，每年还有寒、暑假，我图的就是这个。"也有人认为教师的工作就是"三清"（清闲、清贫、清高）。对这些看法，应做何评价？

·第一单元检测题·

▶第二单元
▶幼儿园教师道德修养的基本要求与内容

▶单元导入◀

　　本单元从公共道德与教师道德的内涵及要求出发，分析幼儿园教师道德修养的含义与意义，帮助学生树立科学的幼儿园教师道德修养观念及掌握提升的路径，并提供实际案例、幼教故事等内容帮助学生巩固对幼儿园教师道德修养的理解，提高实践运用能力，做到学以致用。

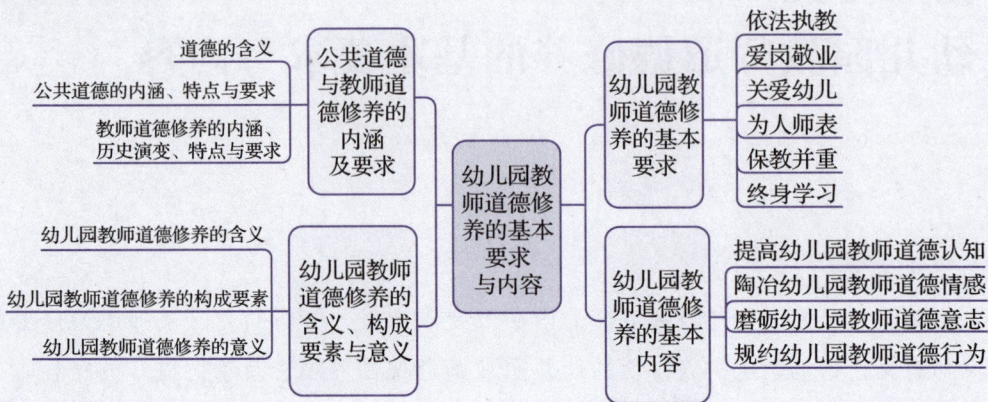

1. 了解道德的含义。

2. 掌握公共道德的内涵、特点与要求。

3. 领会教师道德修养的内涵、历史演变、特点与要求。

4. 掌握幼儿园教师道德修养的基本要求。

5. 掌握幼儿园教师道德修养的基本内容。

一滴水，可以折射太阳的光辉；一盏明灯，可以照亮前行的道路。选择了当宋庆龄事业的追随者，就选择了崇高和伟大；选择了当教师，就选择了付出和奉献。尽管经过无数个加班的不眠夜，尽管几乎每天要为学校安全、学生学习担心牵挂，尽管身体已时常发出疲劳的抗议。

"从事宋庆龄的事业，就要有宋庆龄那样的爱心。"2019 年 9 月，上海宋庆龄学校校长、宋庆龄幼儿园名誉园长封莉容获得全国教书育人楷模称号。

从教近 40 年，封莉容坚守宋庆龄的大爱情怀和"把最宝贵的给予儿童"的教育思想，传授知识、启迪智慧，为学生点燃心灯，以培育具有中国情怀、全球视野的学生为己任，不断践行着"为中华民族之复兴，创办世界一流教育"的初心和使命。她说："在所有的'头衔'当中，我最喜欢'老师'这个称呼，我就是一名普通的教师，能与大家互相切磋、一起进步是我们共同的缘分和福分。"①

---

① 《上海宋庆龄学校校长封莉容获颁 2019 全国教书育人楷模称号》，载《新民晚报》，2019-09-03。

第一讲

公共道德与教师道德修养的内涵及要求

头脑风暴

公民道德现象：最痛恨插队　轮到自己心安理得

——人情方便应当慎行

记得童年之时，尚处在改革开放初期的农村老家，物质文化条件还不算丰富，因而一旦有城里的商贩来卖东西、医生来巡诊之类，天还没亮，村口就排起了长长的队伍。队伍里大多是本村或者邻村的村民，大多都是熟人，也许正是因为太熟悉了，所以总有一些迟来的人会在队伍前段寻找亲戚、朋友"行个方便"，而且只要有一个人插队，那后面插队的人就会越来越多，"多米诺骨牌"效应相当明显。就这样，原本半个小时就可以轮到自己，却偏偏还要再等半个小时甚至更久。①

思考： 1. 请问插队行为为什么会被大家痛恨？

2. 生活中排队时每个人都不喜欢被别人插队，但为什么有些人会去插队呢？

3. 你认为人们可以通过哪些措施减少插队现象呢？

道德是维护人们生活秩序的重要纽带。公共道德是人们在公共领域的行为规范，对社会文明发展有着重要作用，而作为协调教师与教师、教师与学生、教师与学校、教师与社会等方面关系的行为准则的教师道德，对教师的教育行为有什么样的要求呢？本讲首先对道德含义以及公共道德内涵、特点与要求进行阐述；其次，在此基础上，对教师道德的内涵、特点与要求进行论述。

一、道德的含义 ●●●

作为一名幼儿园教师，如何理解公共道德与教师道德，首先应当从追问"道德"

---

① 《国人最痛恨插队　轮到自己却往往心安理得》，载《人民日报》海外版，2012-11-30。

这一词的概念入手。从词源上说，在古代"道"和"德"多分开使用。"道"字指道路，引申为人们所共同遵循的普遍原则、规律、规范和规矩。"德"字通假"得"，在于"得道"，指个人内在之德性与外在德行合乎"道"，非常接近现代提倡的善行之意。"道德"一词的合用，见于《荀子·劝学》篇的"故学至乎礼而止矣，夫是之谓道德之极"，其意为：人们学习后都按照"礼"的规范去做，就算达到了道德的最高境界。

在西方文化中，"道德"的英文"morality"一词，来源于拉丁文"mores"，意为风俗和习惯，也有规范、准则、行为品质和善恶评价等含义。

"道德"一词的本质可以被理解为："为了实现个人与社会的协调发展，调和个人之间以及个人与社会之间的关系所倡导的行为规范的总和。"[①]依据马克思唯物主义哲学中"经济基础决定上层建筑，上层建筑反作用于经济基础"的基本原理，一般来说，道德属于社会关系中的上层建筑，是指由一定的经济关系决定，依靠社会舆论、风俗习惯和人的信念等方式，调整个人之间以及个人与社会之间关系的行为规范的总和。

在社会生活中，每一个社会都会有一个占主导地位的总体道德，依据人们不同的公共生活领域，大体划分为社会公共生活领域中的道德、职业活动领域中的道德和家庭生活领域中的道德，即社会公共道德、职业道德、家庭美德，它们相互作用，相互渗透。社会公共道德是社会主义道德建设的基础，职业道德是社会主义道德建设的重点，家庭美德是公民个体道德化的摇篮。我国在道德建设中既要重视加强社会公共道德、职业道德和家庭美德教育，也要重视个人品德建设。

相关链接

"不准"是道德规范的第一个层次，也是道德规范体系中的基础部分。它以否定式道德法典规范人们不能涉足的行为领域。否则，就是不道德，必然受到社会舆论的强烈谴责。

"应该"是道德规范的第二个层次，也是构成道德规范的主体部分。它以肯定式道德法典规范了人们可以行动的活动范围。基本目标是通过各种社会角色的互利互惠，实现造福于人类的目的。此类规范行为被称为"善"。

① 刘济良主编：《幼儿教师职业道德》，2页，上海，复旦大学出版社，2015。

"提倡"是道德规范的第三个层次，也是道德规范的最高层次，它以赞扬式道德法典规范、引导人们向一定的道德行为靠近，如主动奉献、舍己为人等。基本目标是通过规范特殊情况下个人的行为，实现人类和社会的美好理想。①

二、公共道德的内涵、特点与要求 ●●●

(一)公共道德的内涵

公共道德可以简称为"公德"，是指社会全体成员为使公共领域的活动正常开展而共同遵循的最基本的行为规范总和。公共领域是社会成员在交往中所形成的公共空间，通过人们交往而产生，是向所有人敞开的领域，具有公共性或公开性的特点。社会成员在公共领域中长期交往和生活，为使活动有序开展而形成和发展为公德。它涵盖了人与人、人与社会、人与自然之间的关系，涉及人类社会活动的每个层面，反映人们维持社会活动秩序的愿望。

(二)公共道德的特点

公共道德是人类社会文明成果的一种沉淀和积累。它具有以下五个特点。

第一，基础性。公共道德是社会道德体系的基础层次，是最基本的道德准则，是为维护社会公共生活的正常进行而提出的最基本的道德要求。遵守公共道德，是对社会生活中每个人的最低层次的道德要求，在此基础之上还有许多更高的道德标准和道德要求。社会群体的公共道德水平的高低昭示着一个社会道德风气好坏的程度。

第二，全民性。公共道德是社会全体成员都必须遵守的道德规范，具有最广泛的群众性和适用范围。在社会中，任何成员无论从事什么职业或担任任何职务，都必须遵守社会公共生活的基本准则，否则就要受到社会舆论谴责。

第三，相对稳定性。公共道德是人类社会繁衍至今调整公共生活中人与人、人与社会、人与自然的关系经验的结晶。这种关系是普遍的，在不同时代、不同社会形态里都存在着，因而调整这种关系的公共道德在历史上比起其他道德分支来，更具稳定性。而且社会公德总是随着社会物质文明和精神文明的发展，保存和发扬其

---

① 蒋建华、赵林捷：《道德规范的层次性及其若干问题的探讨》，载《学术界》，1998(1)。

进步的、合理的方面，剔除其落后的、不合理的部分。

第四，简明性。公共道德是人们从生活经验和风俗习惯中总结出来的，不需要做更多的说明就能被人们理解。

第五，渗透性。公共道德具有广泛的渗透性，它作为调节社会公共生活的准则，包含着非常广泛的内容，诸如遵守公共秩序、保持卫生、爱护环境、公平正义、文明礼貌、尊老爱幼、尊师爱生、诚实守信、乐于助人、敬业奉献、拾金不昧、见义勇为等。

（三）公共道德的要求

文明礼貌、助人为乐、爱护公物、保护环境、遵纪守法等是公共道德的基本内容，也是公共道德基本要求。

第一，文明礼貌。文明礼貌是公共道德的基础性内容，它体现着社会行为文明的程度，并与社会成员的日常生活方方面面有关联，如待人接物、饮食方式、访亲探友、相互礼让等。总体来说，文明礼貌要求人们在社会公共生活中和谐相处、注重个人形象、举止文明、以礼相待。具体来说，主要包括以下要求：在社会公共领域交往过程中，做到衣着得体、举止大方、说话得当、诚实守信、尊重他人、待人礼让；遵守公共领域的各种规定，不影响、不妨碍他人的正常活动；自觉杜绝说脏话、辱骂他人、欺骗他人等恶习；等等。

第二，助人为乐。助人为乐是社会成员在社会公共生活中用以调整相互关系的普遍行为规范。在社会公共生活中，人们应该团结友爱、相互关心、互帮互助、扶危济困、乐善好施。通俗地说，就是帮助需要帮助的人，具体包括以下内容。一是对公民的基本权利和人格，给予充分的尊重和维护。二是公民之间要互相关心和互相爱护。三是对那些遭到不幸和困难的人，要在道义上和物质上给予同情、支持和帮助。四是对不法行为，每个公民都应当分清是非、挺身而出、见义勇为、自觉维护社会治安等。

第三，爱护公物。爱护公共财物是公共道德的重要内容之一。《中华人民共和国宪法》规定，公共财产神圣不可侵犯，公民必须爱护公共财产。爱护公物要求人们以主人的态度对待国家和集体财物；要正确使用水电、交通、环卫、消防等公共资源；要保护名胜古迹、历史文物；要反对损坏公物、化公为私等行为，还要求树立节约意识，建设节约文化，倡导节约文明，形成"节约光荣、浪费可耻"的社会风尚。

第四，保护环境。保护环境是社会公共生活中人们应当遵循的基本行为规范。

具体来讲，一是要树立生态观念，珍惜自然资源，节约用水用电，保护人类生存环境；二是要爱护花草树木、野生动物、人文景观；三是要维护公共卫生，不随地吐痰、乱扔垃圾，保持社会公共生活的环境整洁、舒适和干净，造就优美环境等。和谐舒适的环境是人身心健康的重要保证。保护环境是创设良好社会风尚的一个重要方面，可以体现出一个民族的文明程度和精神面貌。

第五，遵纪守法。法律是对社会民众行为的必要约束及规范，是对公共道德的补充。自觉遵守法律法规、纪律，是公共道德最基本的要求。公共生活中人们要顺利地进行社会活动，就必须要有规矩可循，就必须遵循各项行为规范。遵纪守法，具体来讲，一是要增强法治和纪律意识，维护宪法和法律权威，做到学法、懂法、守法、用法以及遵守执行法规、法令、各项行政规章；二是要遵守市民守则、乡规民约、厂规校纪和有关制度；三是要敢于同违法犯罪行为做斗争，能正确运用法律手段保护自己的合法权益不受侵犯，真正做到知纪懂法、遵纪守法等。

三、教师道德修养的内涵、历史演变、特点与要求 ●●●

(一)教师道德修养的内涵

狭义上讲，教师是指受过专门训练，掌握专业知识和技能，在学校中承担教书育人工作的人。《中华人民共和国教师法》把教师界定为："教师是履行教育教学职责的专业人员，承担教书育人，培养社会主义事业建设者和接班人、提高民族素质的使命。"教师的身份决定教师在教育教学活动中，除传授学生文化知识和技能外，还要发展学生体质，陶冶学生审美情操，培养学生良好的思想道德与品格，这是教师道德修养的要求。

目前，教师职业道德，简称为"教师道德"或"师德"。有人认为："教师职业道德是教师在从事教育工作中必须遵守的行为、道德规范和准则的总和，是教师对自己从事的职业道德规范的认识和实践所达到的自觉程度，是教师在这一特殊职业的工作中形成和发展起来的品德。"[1]也有人认为教师职业道德是教师在长期的教育教学中形成的稳定的道德观念、道德品质和行为规范，是教师思想觉悟、道德品质、个人魅力和精神面貌的集中体现，是教师的专业伦理规范。[2] 还有人认为教师职业道德是

①彭亚青、周振军：《新时期教师职业道德的内涵分析》，载《社会科学论坛》，2006(1)。
②参见全国师德教育研究课题组组编：《师德突出问题典型案例评析：幼儿园教师读本》，1页，北京，北京师范大学出版社，2014。

指教师在从事教育教学活动时应遵循的行为准则和必备的道德品质。它是社会职业道德的有机组成部分，是教师行业特殊的道德要求。[①] 此定义既指出了师德是教师在从事教育活动时必须遵循的行为准则和道德规范的总和，又指出师德是一种特殊的职业道德，有别于其他职业，它是协调教师与教师、教师与学生、教师与学校、教师与社会等方面关系的行为准则。

"修养"指个体内在的素质，以及个体修炼养性、提升素质的过程。目前，教师道德修养虽还未有统一概念，但对教师道德修养内涵的理解可以分为三种。一是从教师个体来说，即认为师德为教师的个人道德，突出教师个人在教育教学活动中道德提升的过程。二是从教师群体来说，即注重教师群体的道德修炼和提升过程。三是从综合体来说，即认为师德修养是教师的个人道德与教师群体职业道德综合体的提升，最终实现个人道德与职业道德的结合。

(二)教师道德修养的历史演变

1. 教师道德修养的起源

远古时期，由于生产力极其低下，教育是伴随生产和生活过程进行的，即人们根据生存最迫切的需要进行学习，可以说这是人类教育的重要时期。那时，没有专门的教师，教育工作是由一些感情丰富、有经验的长者来担任的；也没有专职的学生，教育对象是部落内部的儿童和青少年。担任教育工作的长者的职责就是言传身教地向他们传授种植、捕鱼、狩猎等方面的劳动技能和生产经验。由于人们当时定居在村落里，教育开始变为广泛地教授知识，如在宗教仪式、舞蹈和部落的一般文化活动中向青少年传授各种知识，包括讲解本部落或本氏族的历史、英雄故事及各种传统和风俗习惯等。可见，当时只有一些教育活动中的粗浅的行为习惯和朦胧的师德意识。所以，这一时期是教师道德修养的萌芽阶段。

在我国，早在奴隶制时期就建立了官学，但比较简陋。春秋时期，中国社会处于大变革时代，生产关系急剧变化，各种学派应运而生，各派学者纷纷聚徒讲学，宣扬自己的政治思想、学术观点，形成百家争鸣的局面。教育史上具有划时代意义的私学由此兴起。在私学形成的过程中，专职教师出现，这时教师道德修养才真正产生了。

2. 奴隶社会的教师道德修养

春秋战国时期是我国文化繁荣时期，在文化领域出现百家争鸣的局面。这种形势

---

① 参见杨芷英主编，教育部师范教育司组织编写：《教师职业道德(新编版)》，3页，北京，高等教育出版社，2007。

下，出现了一大批游说之士。他们有较高的社会地位，是各阶层的代表。这些人物中首推孔子、墨子、孟子、荀子等一批著名思想家、教育家，他们在开办讲座、创办私学等教学活动中，对教师道德修养理论进行了论述。孔子一生从事教育事业，招收学生办私学，在教师道德修养方面中建立了一系列原则：在教育态度上，要求教师有"学而不厌，诲人不倦"的良好品德，"发愤忘食，乐以忘忧"的精神；在教育方法上，强调教师要因材施教，对受教育者要"视其所以，观其所由，察其所安"；在教师道德修养方法上，要求教师以身作则，为人师表，做到身教重于言教，"其身正，不令而行；其身不正，虽令不从"，"不能正其身，如正人何"①等，肯定教师道德修养的榜样作用，是教师道德修养教育思想中的一个进步。此外，孔子还强调教师要博学多识，并在这个基础上进行比较和反省，"见贤思齐焉，见不贤而自省也"②；强调教师要学与思结合，言与行一致。这些道德论述都有合理因素，值得广大教师借鉴。

　　孟子对教师道德修养也有研究，并有丰富的经验。跟孔子一样，他一生热心教育工作，认为"得天下英才而教育之"③是人生中一大乐事。他主张教师应严格要求受教育者，坚持高标准；教师要采取启发诱导的方法来教育，如"君子引而不发，跃如也。中道而立，能者从之"，"君子深造之以道，欲其自得之也"。④ 他也要求教师本人以身作则，以身示范，"贤者以其昭昭，使人昭昭"⑤。必须正己然后才能正人，教师说得再有道理，自己不去做，也是枉然。孟子的这些理论，在如今的教师道德修养教育中也是值得借鉴和汲取的。

　　荀子要求教师在道德修养上坚持努力，日积月累地提高："积土成山，风雨兴焉；积水成渊，蛟龙生焉；积善成德，而神明自得，圣心备焉。"⑥他还特别强调教师道德修养的实践作用："不闻不若闻之，闻之不若见之，见之不若知之，知之不若行之。学至行之而止矣。"⑦这些道理已经在中华民族道德宝库和中华民族精神中延续了上千年。

　　先秦诸子的道德学说为中国道德发展奠定了坚实的基础，后来的文化教育、道德理论（包括师德理论），大都可以从先秦时期找到根源。

---

①张燕婴译注：《论语》，86、94、17、189、193 页，北京，中华书局，2006。
②张燕婴译注：《论语》，47 页，北京，中华书局，2006。
③万丽华、蓝旭译注：《孟子》，298 页，北京，中华书局，2006。
④万丽华、蓝旭译注：《孟子》，313、176 页，北京，中华书局，2006。
⑤万丽华、蓝旭译注：《孟子》，328 页，北京，中华书局，2006。
⑥北京大学《荀子》注释组：《荀子新注》，5 页，北京，中华书局，1979。
⑦北京大学《荀子》注释组：《荀子新注》，107 页，北京，中华书局，1979。

3. 封建社会的教师道德修养

秦统一六国后，废除了私学，推崇法家思想，坚持"以法为教，以吏为师"，对前人的文化教育、道德思想遗产进行盲目排斥。秦朝以法家思想为指导，曾经试图实践"以法治国"，并取得了一定的成就。

西汉时期，董仲舒提出"罢黜百家，独尊儒术"，实行教化和赏罚同时并用，并提出德威共济、恢复周礼、贤人政治、传经授书、信守师法等主张，汉武帝采纳了董仲舒的主张，对春秋战国以来的教育制度和教师道德修养的发展起到了极大的推动作用。董仲舒还主张教师应该"化民成性"，明确指出封建社会的师德教育是为封建地主阶级的利益服务的，是为封建统治者培养人才服务的。

唐朝是我国封建文化教育的鼎盛时期，当时学校已相当完备，达到了前所未有的繁荣昌盛，加上统治者重教重学、尊师重道，师德得到了空前的发展。韩愈倡导复兴儒学，不仅提出"师者，所以传道授业解惑也"，认为教师是传授道理、教授学生、解释疑问的人，而且提出"是故弟子不必不如师，师不必贤于弟子"[1]，要求教师培养学生超越性的特质，不要嫉妒学生，要甘为人梯。这些关于师德的见解是值得我们现代人借鉴的。

南宋时期，朱熹讲学五十余载，积累了丰富的教学经验，形成了一套比较系统的师德理论。朱熹强调应把"修身""接物"作为教师道德修养的准绳。朱熹主张把"致和"和"笃行"融为一体；强调启发适时，教之以事，养得于心，由小及大，由近及远，由浅入深，逐渐领会义理，做到教人有序，专一有恒，严立课程，宽着意思，按照严密课程计划，从容不迫地为学教人。朱熹认为教育者对于受教育者，只是起到引导作用，犹如春风化雨生万物一般。总体来看，朱熹的师德思想符合封建社会的"习惯性"，便于封建地主阶级的利用，反映了统治阶级对教师的师德要求。

明清时期，封建社会逐渐进入衰败时期。但是明清时期仍然涌现出了一批优秀的思想家、教育家，他们对一系列道德理论进行了探讨。明代王阳明提出"致良知"和"知行合一"的学说，要求教师通过教书育人来启发人的"良知"。他提出"学校之中，惟以成德为事"[2]的主张。王阳明主张教育幼儿要循循善诱。他还主张应针对儿童身心发育的水平来施教。

4. 近代社会的教师道德修养

从 1840 年鸦片战争到 1919 年五四运动时期，政治思想、文化教育领域发生了

---

① [唐]韩愈撰，马其昶校注，马茂元整理：《韩昌黎文集校注》，42、44 页，上海，上海古籍出版社，1986。
② [明]王阳明撰，邓艾民注：《传习录注疏》，114 页，上海，上海古籍出版社，2012。

变革。当时社会动荡，从士大夫阶层逐渐分化出一些有识的开明之士，他们要求改革弊政、抵抗侵略、御侮图强，反对宋学、汉学空疏无用、厚古薄今、舍本逐末的学风，主张学术应为政治服务、经世致用、解决实际问题；他们对世风日下的现状深为痛恨；他们批判旧的纲常名教，提倡新的理论思想。这些都对教师道德修养的发展起了一定的推动作用。

康有为对师德颇有研究，十分重视师德修养。他认为儿童正处在生长发育期，易受外界环境的影响，缺乏自理能力，需要教师的照顾和关怀。这就要求教师不仅应具有良好的德性学问，而且要有慈母般的情怀。作为启蒙思想家的康有为，针对不同教育对象提出不同的师德要求，对选拔教师也是极为严格的。

蔡元培也极为重视教育工作，对教师职业给予高度评价。他要求教师要成为学生的楷模。他不仅要求教师为人师表，而且他作为中国杰出的思想家、教育家，时时处处做出表率，为后世树立了光辉的师德榜样。

五四运动后，马克思主义在中国传播，开辟了教育文化发展的新纪元，从此中国教师道德修养的发展也进入了一个新阶段。陶行知放弃舒适安逸的城市生活，亲自到农村创办"乡村教育"。陶行知一生以身立教，辛勤耕耘，培养桃李，为教育事业做出了巨大的贡献。

5. 社会主义社会的教师道德修养

中华人民共和国成立后，经济基础发生了根本的变化，形成了以生产资料公有制为核心的经济制度，教育的性质也随之改变，成为人民的教育事业。在社会主义制度下，广大教师在教育活动过程中，在继承人类历史中师德优秀遗产的基础上，初步形成了社会主义的教师道德修养要求。

随着社会的前进和教育事业的发展，社会主义的教师道德修养也在不断地发展和完善。在新的历史时期，教师道德发展到一个新阶段，增添了新的内容，成为社会主义道德体系的一个重要组成部分，它对于形成教师的职业心理、形成教师特有的道德习惯、道德传统，以及推动教师的工作起着重要的作用，社会主义教师道德体现如下精神：热爱党的教育事业，忠于职守；要求教师坚定不移贯彻执行党的教育方针和政策；要求教师具备高度的工作责任感和献身精神。

在中国教育史中，虽然现代意义中的学前教育以及专门的教育工作者——幼儿园教师出现较晚，但中国传统教育者已经认识到幼儿教育的重要性和差异性，蒙学与小学、大学并列，是我国传统教育中的一个重要阶段。中国传统社会既强调尊师重教，又以师德制约教师的行为。经历上千年历史沧桑，社会性质、教育目的、教师的职业角色在不断变化，教师的道德修养要求也在不断更新。幼儿园教师道德修养蕴含于教师职业道德修养之中，也在不断变化。如今，教育部制定的《新时代幼儿园教师职业行为十项准则》就是幼儿园教师道德修养的风向标。

(三)教师道德修养的特点

第一，要求高。与其他职业相比较，教师职业具有独特的性质，其活动的目的凸显育人，工作任务更加艰巨，工作过程需要引导示范，育人方式多样且需创新，培养结果持久且不可逆。由于教师职业的特殊性，人们对师德的要求高于一般的职业道德要求，表现为要求教师既要协调好自身与学生、同事、学校、家长、社会的关系，又要处理好学生与学生、家长、学校、社会的关系；在学校或教室等工作范围内的领域，或在学校与教室外的公共领域，都需用师德标准要求教师和评价教师。总体来说，社会和他人对师德的要求在整个社会道德体系中处于较高水平和层次。

第二，示范强。教师的工作对象为可塑性和模仿能力强，思想道德、人格品质处于形成阶段的学生，要求"学高为师，身正为范"。教师的一言一行、一举一动都将潜移默化地影响学生的发展，这就是学生的"向师性"表现。从古至今，教师为人师表、品行卓越，这个观念已深入人心。

第三，影响深。一是在影响程度上，师德在教育过程中对学生的影响是极其深刻的，不仅对学生的感官有影响，还对学生的心灵、思想及人格有影响；不仅影响学生在校期间的成长，还影响学生的一生。这样深远的影响是其他职业道德不能比拟的。二是在影响范围上，师德不仅仅作用于学校的学生，还会通过学生影响学生的家庭、社区乃至整个社会。随着教育的发展，人们对教育越来越重视，教师也越来越受重视。教师的思想、行为、道德越来越多地影响社会各行各业，进而影响整个社会的道德风尚。[1]

(四)教师道德修养的要求

教师是社会活动中的一种特殊职业，其他职业道德的内容和要求，如爱岗敬业、诚实守信、办事公道、服务群众、奉献社会等，当然也适用于师德；然而，师德的要求又高于其他职业道德，具有其他职业不具备的道德规范和要求。随着社会的不断发展进步，师德的要求也在不断地修订和补充。

《中华人民共和国教师法》对教师应履行的义务进行了规定，其中"遵守宪法、法

①参见钱焕琦主编：《教师职业道德》，21页，上海，华东师范大学出版社，2008。

律和职业道德，为人师表"，表明教师职业道德具有三个最基本的内容要求：一是遵纪守法；二是践行职业道德；三是为人师表。

教育部发布的《中小学教师职业道德规范（2008 年修订）》，明确教师职业道德有"爱国守法""爱岗敬业""关爱学生""教书育人""为人师表""终身学习"六个方面的要求。其中，"爱国守法"是教师职业的基本要求，"爱岗敬业"是教师职业的本质要求，"关爱学生"是教师职业道德的灵魂，"教书育人"是教师的天职，"为人师表"是教师职业的内在要求，"终身学习"是教师专业发展的动力。这是我们

中小学教师
职业道德规范
（2008 年修订）

国家对新时期教师的道德品质、行为规范提出的新规定，是每位教师必须遵守和践行的师德准则和规范。

真题再现

中班的睿睿很任性，处处以自我为中心。音乐课上，李老师教小朋友们唱《两只老虎》，大家都跟老师唱，只有睿睿故意把"两只老虎"的歌词改成"两只花猫"。其他小朋友听了，也随着睿睿唱"两只花猫"。李老师警告睿睿："如果再改歌词，你就到小班去！"但睿睿没有听老师的话，继续改歌词，甚至把调子拖得很长。李老师火了，站起来走到睿睿跟前，大声吼道："你给我出去！"睿睿哭着走出教室，李老师没有理会，继续教小朋友们唱歌。就这样，睿睿站在教室门口哭个不停，直到下课。回家后，睿睿把这件事告诉了家人。第二天，奶奶来送睿睿时，找李老师理论。李老师说："就是你们这些家长太溺爱孩子，孩子才那么任性！我对他进行教育，难道不对吗？"

问题：请结合材料，从教师职业道德的角度，评析李老师的教育行为。

——2018 年上半年幼儿园教师资格考试（综合素质）真题

2014 年，教育部发布了《中小学教师违反职业道德行为处理办法》，在师德行为上划出十条"红线"对师德行为进行规范与要求。如有违反必将受到包括"警告、记过、降低专业技术职务等级、撤销专业技术职务或者行政职务、开除或者解除聘用合同"①等的处分。

---

① 《中小学教师违反职业道德行办处理办法》于 2018 年修订，处分修订为"警告、记过、降低岗位等级或撤职、开除"。

继党的十八大提出把立德树人作为教育的根本任务，培养德智体美全面发展的社会主义建设者和接班人，习近平提出了"四有好老师"标准、"四个引路人"、"四个相统一"和"四个服务"等一系列的新理论，其中"做好老师，要有理想信念""做好老师，要有道德情操""做好老师，要有扎实学识""做好老师，要有仁爱之心"的"四有好老师"的标准，是对优秀教师应具备的高尚师德所做的高度概括和总结。

2018年，《中共中央　国务院关于全面深化新时代教师队伍建设改革的意见》提出了"突出师德"的基本原则，着力提升思想政治素质，全面加强师德师风建设："加强理想信念教育，深入学习领会习近平新时代中国特色社会主义思想"，"引导教师树立正确的历史观、民族观、国家观、文化观，坚定中国特色社会主义道路自信、理论自信、制度自信、文化自信"，"引导党员教师增强政治意识、大局意识、核心意识、看齐意识，自觉爱党护党为党，敬业修德，奉献社会，争做'四有'好教师的示范标杆"，"引导广大教师以德立身、以德立学、以德施教、以德育德，坚持教书与育人相统一、言传与身教相统一、潜心问道与关注社会相统一、学术自由与学术规范相统一，争做'四有'好教师，全心全意做学生锤炼品格、学习知识、创新思维、奉献祖国的引路人"等。

为进一步加强师德师风建设，2018年11月，教育部印发《新时代幼儿园教师职业行为十项准则》等通知，明确"师德师风是评价教师队伍素质的第一标准"，实行师德失范"一票否决"。《新时代幼儿园教师职业行为十项准则》规定"新时代对广大教师落实立德树人根本任务提出新的更高要求，为进一步增强教师的责任感、使命感、荣誉感，规范职业行为，明确师德底线，引导广大教师努力成为有理想信念、有道德情操、有扎实学识、有仁爱之心的好老师，着力培养德智体美劳全面发展的社会主义建设者和接班人"。同年，教育部印发《幼儿园教师违反职业道德行为处理办法》。

在党的十九大报告中，习近平明确指出："要全面贯彻党的教育方针，落实立德树人根本任务，发展素质教育，推进教育公平，培养德智体美全面发展的社会主义建设者和接班人。"党的十九大报告对教师工作提出了新时代的要求，也对师德内容做出新的要求，强调"要以培养担当民族复兴大任的时代新人为着眼点"，"广泛开展理想信念教育，深化中国特色社会主义和中国梦宣传教育，弘扬民族精神和时代精神"，"培育和践行社会主义核心价值观"，更好地"构筑中国精神、中国价值、中国力量"。①

---

① 《习近平在中国共产党第十九次全国代表大会上的报告》，载《人民日报》，2017-10-28。

相关链接

教师节，习近平惦记着……

"今天的学生就是未来实现中华民族伟大复兴中国梦的主力军，广大教师就是打造这支中华民族'梦之队'的筑梦人。"每逢教师节前夕，尊师重教的习近平总书记都会到学校看望这些筑梦人或致信表示祝贺……总书记日理万机，那在这个节日里他惦记的都是什么呢?①

▶**学以致用**

简答题

1. 简述公共道德、职业道德、家庭美德之间的关系。

2. 简述公共道德的要求。

3. 简述教师道德修养的内涵。

4. 简述教师道德修养的特点。

第二讲

幼儿园教师道德修养的含义、构成要素与意义

头脑风暴

女教师危急时推开 3 名学生 自己被压水泥柱下

34 岁的贺丽明是镇江市丹徒区谷阳镇西麓"乖乖幼儿园"的一名教师，2015 年 2 月 5 日，贺丽明到学生家进行家访，当时天气晴朗，有一户人家把被子拿出来晾晒，晾晒的铁丝绳一端系在柱子上，另一端就系在屋檐下的"顶梁柱"上。半个多小时后，贺丽明先听到"吱吱"的响声，然后有灰落到她的脖子里。

---

① 《教师节，习近平惦记着……》，央视网，2017-09-09。

随后，她发现晾晒的棉被突然往地上一沉，她扭头一看，身旁的水泥柱竟然被铁丝绳拉倒，已经歪斜了，眼看着即将向旁边玩耍的3名幼儿砸去。

危急时刻，贺丽明猛然站起，张开双手，弯腰护住3名幼儿的同时，奋力将他们往院子中心推去。最终，整个柱子倒下砸在了贺丽明的身上，小朋友们则都脱离了危险。

事后，众人将贺丽明送医救治，她虽脱离了生命危险，但至今行动仍有不便。[①]

思考： 1. 从贺丽明老师身上，我们看到了什么，想到了什么？

2. 假如你是一名幼儿园教师，你会怎么做？

一、幼儿园教师道德修养的含义 ●●●

根据对道德、公共道德及教师师德修养的理解，作为教师职业道德修养内容之一的幼儿园教师道德修养，是指幼儿园教师在从事教育劳动过程中不断提升个体内在职业道德修养的过程和结果，是不断形成用以协调幼儿园教师与学生、集体、家长、社会等关系时必须遵守的基本道德规范和行为准则，以及所表现出来的道德品质。

首先，幼儿园教师道德修养是幼儿园教师所特有的与幼儿园教师职业密切联系的专门性道德。不同于其他职业，幼儿园教师的道德修养紧紧围绕教书育人这一中心任务，为履行科学保教的义务和责任，又有幼儿园教育活动的特殊要求，即"师德为先""幼儿为本""能力为重""终身学习"。

其次，幼儿园教师道德修养的基本内涵，不仅是幼儿园教师在职业活动中遵守的行为规范和行为准则，还是幼儿园教师从规范或准则中内化的职业道德观念、道德意识和行为品质。一方面，体现社会对幼儿园教师道德修养的外在要求，是处理幼儿园教师活动有关人际关系的行为规范；另一方面，体现幼儿园教师内化的道德认知、道德情感、道德意志、道德行为。幼儿园教师道德修养主要由教师职业理想、教师职业责任、教师职业态度、教师职业纪律、教师职业技能、教师职业良心、教师职业作风、教师职业荣誉等要素构成。

---

① 《女教师危急时推开3名学生　自己被压水泥柱下》，载《现代快报》，2017-10-17。

案例分析

钟老师发现一个小朋友从卫生间上完厕所出来时，脚下滑了一下。于是，钟老师便立刻去卫生间查看，用脚蹭了蹭地面，发现沾了水的地面果然很滑。原来，防滑的地砖经过几年的使用已经失去了防滑效果。钟老师还注意到男生小便池的边缘有棱角，如果小朋友不小心滑倒，磕在上面很危险。钟老师立刻向园长汇报这些情况，并买了防滑地垫。园长也马上联系工人检查所有卫生间，打磨地砖，并整修小便池。

分析：《幼儿园教育指导纲要(试行)》与《幼儿园教师专业标准(试行)》明确指出，幼儿园必须把保护幼儿生命安全和促进幼儿健康发展放在首位。幼儿园教师必须严格执行幼儿园已有的安全管理条例，自觉加强幼儿安全防护工作，主动从幼儿的角度去思考防护措施，真正做到"幼儿为本""关爱学生"。

尊师重教是中华民族的传统美德，社会大众对教师道德修养提出的要求通常会比社会其他职业道德要严格。然而，学校的学习和锻炼只能形成教师最基本的道德，要想成为一名合格的甚至优秀的教师，还需通过外部影响和自我改变相结合的过程，这就是所谓"修养"过程。

对幼儿园教师而言，教师道德修养不是天然具备的，也不是一朝一夕形成的，而是在教育工作过程中，不断地进行学习、体验、修炼和反思，从而逐渐发展起来的。幼儿园教师道德修养是指幼儿园教师为将幼儿园教师职业道德要求转为自身内部的信念和行为准则，进行自我锻炼、自我陶冶、自我教育的过程和所用的功夫，它可以指教师已达到的师德境界，还可以指教师为达到某种师德境界而进行的自我提升和锻炼。①

二、幼儿园教师道德修养的构成要素 ●●●

教师良好道德的形成，需要较为漫长的时间，它既需要在教育实践中不断提高道德认识的水平，又需要在道德冲突中体验积极的道德情感，并用意志支配自己的道德行为。② 只有这样，幼儿园教师道德修养才能最终完成道德认知、道德情感、道

①参见陈大伟：《师德修养与教育法规》，18页，北京，北京师范大学出版社，2012。
②参见傅维利：《简论师德修养》，载《中国教育学刊》，2001(5)。

德意志及道德行为四个要素的和谐统一。

第一，幼儿园教师的道德认知，是指幼儿园教师在原有的道德知识基础上，对个人与他人、社会的关系，以及协调这些关系的职业道德原则和规范的认识与理解，也是调整原有认知结构，经过同化、顺应的加工，从中获取稳定的、清晰的幼儿园教师职业道德新知的心理活动过程。它是幼儿园师德行为乃至道德品质形成的基础，包括了对幼儿园教师道德原则和规范的认识，对幼儿园师德价值的认识以及对幼儿园教师道德行为的善恶是非的区分和辨别。幼儿园教师道德认知支配着道德行为，有什么样的道德认知将会支配什么样的道德行为。错误的、不科学的道德认识将产生不正确的道德行为。幼儿园教师的道德修养首先要注重道德认知的提升。

第二，幼儿园教师的道德情感，是指幼儿园教师根据一定的师德观念在处理相互关系、评价某种道德行为时所引起的爱憎、好恶的情绪体验，是幼儿园教师在教育教学活动中对人和事物及周边环境的关切、喜爱的心理活动，是一种超越教师的道德义务的积极情感表现。[1] 幼儿园教师的道德情感始于道德认知，它是道德认知转化为道德动机和信念的催化剂，是道德认知转化为道德行为的内驱力，对道德行为起着重要的调节作用。[2] 因而，幼儿园教师道德修养要进行道德情感的陶冶。

第三，幼儿园教师的道德意志，是指幼儿园教师按照幼儿园教师的道德原则和要求进行道德选择时调节行为、克服困难的坚持精神，是在履行师德义务过程中所表现出来的决心和毅力。[3] 它主要表现为幼儿园教师道德行为中的坚定性和坚持精神，是为了实现一定的道德理想和信念自觉克服内心障碍和外部困难的毅力和能力，也是调节幼儿园教师道德行为的自我控制、自我约束的能力。然而，幼儿园教师的道德意志并非天生的，需在职业道德实践中逐渐磨砺发展。

第四，幼儿园教师的道德行为，简称为"幼儿园师德行为"，是指幼儿园教师在幼儿教育实践活动中由道德认知、情感、意志支配的道德实践，即采取有利于或者有害于幼儿、家庭、幼儿园教师集体、幼儿教育事业和社会的行为实践活动。由于具有可知、可观、可感、可评的特点，它成为衡量幼儿园教师道德水平高低、师德好坏的主要依据。根据师德动机和效果，可以分为良好或不良的师德

办家长满意的幼儿园离不开这样的幼儿园教师（节选）

---

① 参见左志宏主编：《幼儿园教师职业道德》，58页，北京，北京师范大学出版社，2014。
② 参见和学新、王文娟：《师德修养是师德成长的本质追求》，载《思想理论教育》，2011(6)。
③ 参见刘星、申利丽主编：《幼儿园教师职业道德》，96页，成都，西南交通大学出版社，2017。

行为。良好的师德行为具有利他性的特点，即以追求社会整体利益或他人利益为出发点和归宿。不良的师德行为具有利己性的特点，即为一己之私，做出损害社会、集体或他人利益的行为。良好的师德行为的形成是幼儿园教师道德修养的关键。唯有良好的师德行为得到强化并转化为幼儿园教师的内在需求，教师道德品质才会真正形成。

三、幼儿园教师道德修养的意义 ●●●

（一）保障幼儿健康成长

加强幼儿园教师道德修养有助于幼儿道德品质的形成和身心健康的发展。幼儿园教师是幼儿心智的启蒙者，幼儿心灵的守护者。教师的言行举止会对幼儿身心产生深刻的影响。洛克曾把儿童比喻为"白板"：他们像一块没有任何记号和任何观念的白板，知识、经验、情感等都来自后天的培养。幼儿园教师的一言一行对幼儿道德品质的形成有着启蒙作用。幼儿的身心尚未发育成熟，需要幼儿园教师开展科学的保教工作，如果幼儿园教师道德缺失，教育教学活动缺乏师德规范，就容易出现体罚幼儿等一系列问题，这将对幼儿身心造成巨大的伤害。因此，要加强幼儿园教师的师德修养，以保障幼儿健康成长。

（二）落实国家政策法律法规

我国制定了一系列儿童与教育的法律法规，如《中华人民共和国教师法》《中华人民共和国未成年人保护法》《中小学教师违反职业道德行为处理办法（2018年修订）》《幼儿园教师专业标准（试行）》等，其中涉及幼儿园师德规范并提出违反要求的惩罚措施。把幼儿园教师的师德修养提升到了法律法规规定的高度，既是对幼儿合法权益的保护，也体现了国家对幼儿园教师职业的高要求。加强幼儿园教师道德修养可以有效地贯彻落实国家政策法律法规的相关要求。

（三）推进社会发展

在中国特色社会主义新时期，在全面建成小康社会和实现中华民族伟大复兴的中国梦的时代背景下，幼儿园教师作为社会的一分子，应当承担起践行教师职业道德，构建和谐人际关系、和谐育人环境的责任。加强幼儿园教师的师德修养有助于幼儿园教师正确处理与幼儿、家长、社会的关系；有利于处理各种矛盾，为幼儿创建良好的成长环境；有利于遵循职业道德规范和要求，培养出优秀的社会主义建设者和接班人。

(四)促进教师个人发展

加强幼儿园教师的师德修养能提升幼儿园教师的职业尊严和幸福感。如若幼儿园教师不能固守自己的道德观念和信条，那么"不忘初心""化作春泥更护花"便会成为空话。加强幼儿园教师的师德修养能使教师内心世界更丰富，思想道德得到提升，人格与品格获得完善，不断发展自己，成为真正的"四有好老师"。

▶ **学以致用**

简答题

1. 幼儿园教师道德修养的含义是什么？
2. 幼儿园教师道德修养的构成要素有哪些？
3. 当前社会背景下，加强幼儿园教师道德修养有何意义？

第三讲

幼儿园教师道德修养的基本要求

头脑风暴

"全国教书育人楷模"何梅：用心汇聚爱与责任

2020年7月2日上午11时，赫章县发生4.5级地震，城中各地震感明显。

当所有人朝着安全地带撤离时，城关镇中心幼儿园教师何梅却朝着反方向跑去——离安全出口最远的大二班。她和同事一起，用时17秒，及时护送32名孩子安全撤离教室。因为这场被称为"教科书式的撤离"，何梅在网络上被誉为"最美逆行教师"。

时间回溯到7月2日11时左右地震发生前，刚被调整到办公室从事辅助安全工作的何梅，正和同事各司其职，忙着手里的事情。突然，一阵剧烈地晃动打破了原本的宁静。

"房屋晃动了，我的第一感应就是地震，就在那一瞬间，我想到了离安全出口最远的大二班，如果房屋倒塌，那里是最危险的。"何梅回忆起当天的情景，仍有些激动，"我一边向老师们大喊'地震了！'一边拔腿跑到大二班"。

11时18分07秒，何梅冲进了大二班教室。"进入教室后，几乎所有的孩子都按照平时演练的那样藏到了课桌下，只有少数孩子搞不清楚状况。我就赶紧帮他们藏到课桌下，并安抚孩子们。"何梅回忆说。几秒后，房屋晃动幅度逐渐减小。"这时是撤离的最佳时机，否则余震一来，可能危险程度会加大，我们要争分夺秒，一秒也不能错失。"何梅说。

在和同事们简单沟通后，几人开始了撤离工作。

11时18分23秒，第一个孩子在老师的保护下跑出教室。紧接着，何梅护着孩子冲出教室后便背靠阳台护墙，两手护着孩子们的头部，一个个清点孩子人数。

11时18分40秒，最后一个孩子安全撤离教室。

11时18分57秒，大二班的孩子们全部撤离到操场，整个撤离过程不超过1分钟。

50秒，当何梅和同事带着大二班的32名孩子撤离到操场时，全校5个班级，176名孩子也几乎同时全部安全撤离到操场。①

思考：在危机时刻，何梅用行动展现出了幼儿园教师道德修养的哪些基本要求？

为促进幼儿园教师专业发展，加快建设一支师德高尚、热爱儿童、业务精良、结构合理的幼儿园教师队伍，2012年2月，教育部根据《中华人民共和国教师法》，从顶层设计到具体操作，从宏观把握到微观落实，从理念目标到结果监控，制定《幼儿园教师专业标准（试行）》，提出"幼儿为本""师德为先""能力为重""终身学习"四个基本理念，同时，规定了基本内容包括"专业理念与师德""专业知识"与"专业能力"三个维度，涵盖十四个领域，共六十二条基本要求。其中，"专业理念与师德"维度包含了"职业理解与认识""对幼儿的态度与行为""幼儿保育和教育的态度与行为""个人修养与行为"四个领域，共二十条基本要求。《幼儿园教师专业标准（试行）》的基本

①《"全国教书育人楷模"何梅：用心汇聚爱与责任》，载《毕节日报》，2011-09-11。

理念与基本内容对幼儿园教师道德修养提出了依法执教、爱岗敬业、关爱幼儿、为人师表、保教并重、终身学习的基本要求。

一、依法执教 ●●●

所谓依法执教，就是要求幼儿园教师在教育教学活动中，贯彻党和国家教育方针政策，遵守教育法律法规，严格按照《中华人民共和国宪法》《中华人民共和国教育法》《中华人民共和国未成年人保护法》及教育方面有关的法律、法规和政策文件，依法依规开展保教活动。依法执教是社会向幼儿园教师提出的基本要求，也是幼儿园教师道德现状的现实要求。

幼儿园教师道德修养落实依法执教的要求，须做到以下三个方面。

(一)了解教育法律和法规

幼儿园教师需要了解我国已经颁布实施的教育法律和行政法规，特别是熟悉学前教育有关的法律法规及政策，掌握幼儿园教师须履行的责任义务，把握我国学前教育发展对教师提出的新要求。此外，幼儿园教师还应了解国外有关学前教育的法律法规，领会这些法律法规的内在要求，以便于理解我国学前教育法律法规对幼儿受教育权的重视及对幼儿独立人格的尊重等精神。

(二)总结、领会国家的教育方针和教育思想

幼儿园教师总结、领会国家的教育方针和教育思想，有利于在教育实践中贯彻落实这些要求。例如，我国明确学前教育的定位，强调其奠基作用，学前教育具有基础性、先导性和公益性的特点。幼儿园教育是基础教育的重要组成部分，是学校教育制度和终身教育的奠基阶段；合理的学前教育可以让幼儿未来的发展有一个良好的开始；学前教育既是新生一代的教育要求的重要组成部分，又具有社会公益事业性质，使父母安心地工作，促进社会和谐。①

(三)反思自己的教育实践活动

幼儿园教师需要在教育实践过程中，对照我国学前教育法律法规中的相关规定反思自己的实践活动，坚守法律法规对教师道德行为的要求，时刻自查并不断完善和发展专业理念及师德，这样才能

相关政策

---

① 参见教育部教师工作司组编：《幼儿园教师专业标准(试行)解读》，63 页，北京，北京师范大学出版社，2013。

保证全面贯彻落实我国教育政策和学前教育法律法规。

二、爱岗敬业 ●●●

所谓爱岗敬业，是指忠于职守的事业精神，是幼儿园教师道德修养的基础要求。幼儿园教师应热爱教育事业，安心于本职岗位，恪尽职守。应充分认识到本职工作在社会发展中的地位和作用，认识到本职工作的社会价值和现实意义，具有幼儿教育事业的荣誉感和自豪感，以强烈的事业心和责任感从事幼儿园教师工作。幼儿园教师爱岗敬业主要体现在热爱幼儿教育事业，积极从事幼儿教育活动，忠于人民教育事业。这既是幼儿园教师道德修养的基本规范，又是幼儿园教师道德修养的灵魂。其基本要求是：对教育事业要有道德责任感和强烈的事业心，热爱教育，热爱岗位，尽职尽责，科学保教，"热爱学前教育事业，具有职业理想和敬业精神"，注重培养幼儿良好的思想品德，努力促进幼儿身心发展。

幼儿园教师道德修养落实爱岗敬业的要求，须做到以下两方面。

(一)认同幼儿教育事业

幼儿园教师应认同幼儿园教师的专业性和独特性，注重自身专业发展，相信自己按照幼儿身心发展规律开展的教育实践活动对幼儿身心健康发展发挥着积极有效的作用，把科学保教当作一种具有特殊价值的社会服务，获得成就感和幸福感，激发进一步做好保教工作的热情和信心。

(二)具有敬业精神和职业理想

敬业精神和职业理想是做好教育工作的助推器。幼儿园教师从事教育工作的动机不仅应停留在待遇和兴趣层面，更要提升至热爱和忠于教育事业层面，通过不断教育实践体验职业意义和人生意义，产生敬业精神和职业理想。一般来说，幼儿园教师专业角色的形成需经历角色认知、角色认同、角色信念三个阶段，即从幼儿园教师了解职责和遵守行为规范阶段；到体验职责和控制行为阶段；再到社会需要转换为个体需要，坚信自己的正确选择，形成幼儿园教师职业特有的荣誉心、责任心和敬业精神阶段。

案例分析

做每个孩子的真心朋友

在甘肃省兰州市南河新村小区，一幢装饰漂亮的三层小楼格外引人注目。这就是"孩子王"刘志的天地——兰州市实验幼儿园。

26年来，从一名幼儿园教师成长为一名省级示范性幼儿园园长，从一个初出茅庐的大学生成长为享誉省内外的幼教专家，无论身份如何变化，刘志在兰州市实验幼儿园这方小天地内，一以贯之地坚守着让孩子们拥有快乐童年的信念，用爱心为孩子播撒幸福的种子，成为幼儿园一批批幼儿的"园长朋友"。

············

"每天和孩子们聊天、一起玩游戏是我最快乐的事。"刘志能叫出全园孩子的名字，掌握每个孩子的性格特点和在园基本情况，这让她在与家长沟通时能提出有针对性的育儿意见，受到家长的尊敬。家长张国杰说，她有一次接孩子回家，半路上碰见刘志，刘志一下就躬下身子跟孩子交流起来。"这一举动让我很感动，也彻底改变了我对孩子教育的理念和方法，让我意识到家长对待孩子也应该躬下身子、走近孩子，与孩子做朋友，和孩子一起成长"。

怀着一份自然、宽厚的情怀，倾听儿童心底的声音，站在孩子的角度想问题，这是刘志多年来坚守的教育原则。正因为如此，无论什么样的"问题孩子"，刘志总有办法让他们走上健康成长的道路。刘志躬身和孩子做朋友，许多孩子也把刘志当作真心朋友。即使孩子们长大离开了幼儿园，他们还惦记着刘志，甚至邀请她参加婚礼。"这种若干年后冷不丁出现的幸福，或许是教师职业所特有的。"每当这时，刘志总感到很幸福。①

分析： 敬业爱幼可以分为"爱岗敬业"和"关爱幼儿"，"敬业"和"爱幼"是幼儿园教师职业的本质要求，是幼儿园教师道德修养的灵魂。多年来，刘志始终坚持爱岗爱幼的信念，帮助孩子们健康成长，由一名大学生逐步成长为一名专家，并收获从事幼儿教育的幸福。

①《做每个孩子的真心朋友——记全国教书育人楷模、甘肃省兰州市实验幼儿园园长刘志》，载《中国教育报》，2013-09-11。

三、关爱幼儿 ●●●

关爱幼儿，是幼儿园教师必须具备的情感品质，是幼儿园教师必须遵守的道德修养底线，也是我国教育法律法规对教师的法律要求，更是幼儿园教师道德修养的灵魂。从某种程度上说，幼儿园教师的爱是一种伟大而神圣的爱，与其他人对幼儿的关爱不一样，这是一种带有教育意蕴的、区别于一般人文关怀的"教育之爱"。[①] 幼儿园教师关爱幼儿，重视幼儿身心健康，将保护幼儿生命安全放在首位，为幼儿学习和生活创设和谐温暖的物质及精神环境，照料着幼儿的一日生活和活动，关注与呵护着幼儿的情绪情感状态等方面发展，使幼儿在幼儿园内快乐、自由地获得积极的生活经验，实现身心健康全面的发展。

幼儿园教师道德修养落实关爱幼儿的要求，须做到以下三个方面。

(一)保护幼儿的生命安全

对幼儿生命安全的保护是幼儿园教师的首要职责，也是幼儿园教师实践教育教学的基础。幼儿园教师教育的对象是身心尚未发育成熟的幼儿，他们没有完全自理的能力和自卫能力。"'保护幼儿安全'可以分为三个方面。首先，应随时关注幼儿身边的危险，未雨绸缪地保护好每一个幼儿，确保幼儿在园安全；其次，应具有生命意识，注重对幼儿进行生命安全教育，通过多种方式引导幼儿认识生命、珍惜生命、热爱生命，提高幼儿的安全意识、抗险能力和自救能力；第三，在危急时刻，幼儿园教师应能挺身而出，保障幼儿的生命安全。"[②]

(二)呵护幼儿身心健康发展

关注幼儿的身心健康也是幼儿园教师专业特性之一。幼儿园教师对幼儿身体健康的关注主要在于严格执行幼儿一日生活作息制度，保证幼儿的休息、户外活动时间和质量，保证幼儿膳食结构合理，帮助幼儿纠正挑食、少动等不良饮食和生活习惯。幼儿园教师对幼儿心理健康的关注则更突出了其专业性，不但要在组织保教活动时充分考虑到幼儿的心理特点，注重幼儿的心理感受，不得损害幼儿的心理健康，还应该关注到幼儿的一些特殊的心理需求，并及时和幼儿家长沟通联系，一起帮助幼儿解决问题走出心理困境，维护幼儿心理健康。

---

①参见易凌云：《幼儿园教师专业理念与师德的定义、内容与生成》，载《学前教育研究》，2012(9)。
②易凌云：《幼儿园教师专业理念与师德的定义、内容与生成》，载《学前教育研究》，2012(9)。

(三)尊重幼儿个体差异

每一位幼儿都有被爱的权利,都应该得到充分的发展。尊重幼儿个体差异要求幼儿园教师要全面了解幼儿,关爱每一位幼儿;尊重幼儿人格,维护幼儿合法权益,平等对待每一位幼儿;不讽刺、挖苦、歧视幼儿,不体罚或变相体罚幼儿;信任幼儿,尊重个体差异,主动了解和满足有益于幼儿身心发展的不同需求,促进幼儿健康发展。

案例分析

爱是教师最美的奉献

日前,2018年清远市清新区最美系列人物评选结果揭晓,来自清新区第一幼儿园的郑韵被评选为"最美教师"。郑韵一直坚信"爱是教师最美的奉献",她对孩子们的爱和对工作的无私奉献,也让这位年轻女教师的青春在学前教育事业中闪光。

2014年2月,郑韵参加工作。从教四年来,作为中国共产党党员的她始终坚持以党的教育方针教书育人,认真践行社会主义核心价值观。她每年都会给自己定一个大目标和十二个小目标,凭着不懈努力不断进步,逐渐成长为幼儿园的骨干教师。

郑韵热爱学前教育事业,在日常工作和生活中,她关爱幼儿,尊重幼儿人格,富有爱心和责任心,耐心地对待孩子们。

她记得刚进入小班的第一天,面对孩子们"我要妈妈"的哭喊声,不禁有些手忙脚乱,连忙一个个安慰和拥抱他们,尽自己最大的努力,帮助孩子们适应幼儿园的生活。"在相处三年后,当孩子们欢呼雀跃地奔向我,拽着我的手跟在身后时,我感到无比自豪与温馨,会觉得自己就是最美的幼儿园教师。"郑韵笑着说。

无论是在一线教师岗位还是从事办公室工作,郑韵都坚持以幼儿的健康、快乐成长为本。在班上,她注重为孩子们创设温馨愉悦的环境。在幼儿园的环境创设评比及体操比赛中,她所任教班级多次荣获一、二等奖。在办公室担任副主任时,她利用安全的废旧材料为幼儿园打造了数学特色园的环境。因此,她也深受家长和领导的认可。

郑韵认为,教师最基本的能力体现在教学上。她参加工作以来,多次参加幼儿园及区里的教研活动,积极承担幼儿园及区里的比赛任务、公开展示课、教研活动等。2017年、2018年参加园、区、市的基本功比赛，郑韵均获得一等奖，在区里的基本功比赛中也均以第一名出线。此外，她还获得清新区"优秀教师""年度工会先进工作者""2017年师德师风标兵"等荣誉称号。除此之外，郑韵还积极参与社会公益活动，2015年成为清新区文艺志愿者的一员，积极参加文艺下乡的工作。

正如郑韵所说："我爱的第一个孩子，不是我的亲生孩子。"郑韵热爱教育事业，默默把青春奉献给平凡岗位，她视孩子的成长为最大收获。①

分析：郑韵在教育工作中体现了爱岗敬业的师德要求，她热爱学前教育事业，在工作中积极参加幼儿园及区里的教研、比赛、公开展示课等活动，把自己的青春奉献给平凡岗位。郑韵在教育工作中还体现了关爱幼儿的教师道德修养的基本要求，她关爱幼儿，尊重幼儿人格，富有爱心和责任心，耐心地对待幼儿，坚持以幼儿的健康快乐成长为本，为他们创设温馨愉悦的环境。

四、为人师表 ●●●

叶圣陶认为教育工作者的全部工作就是为人师表。这表明幼儿园教师在教育工作中要规范自身的言行，在各方面都成为幼儿学习的表率、榜样和模范，以自己的言语教导幼儿，以自己的行动示范幼儿，做到言传身教，做一位真正的人类灵魂工程师和幼儿成长的启蒙者、引路人。为人师表是幼儿园教师道德修养的基本要求之一，也是幼儿园教师道德规范要求和道德底线，其基本要求是：遵守纪律、践行公德、衣着得体、语言规范、举止文明、教态端正、生活检点、作风正派、以身作则、言传身教。

落实为人师表的要求，须做到以下三个方面。

(一)坚持高标准、严要求

幼儿园教师在教育工作和生活中，为做好幼儿的榜样，需要在各方面以较高标准要求自己，遵章守规。必须要从小事做起，从眼前做起；要集小德成大德；要虚心听取他人意见，特别是幼儿的心声。幼儿园教师只有坚持高标准、严要求，才能在自己的工作中实现"以德育德、以才育才、以爱育爱"的春雨无声式的教育。

---

① 《爱是教师最美的奉献》，载《南方日报》，2018-07-27。

(二)以身作则、言传身教

幼儿园教师需要以自身的言行为榜样对幼儿进行示范。幼儿园教师的榜样示范是一种教育方法，是培养幼儿成长的重要路径。这样就要求幼儿园教师把以身示范、言传身教置于特别重要的位置，将行为举止与教育言说相结合，互相印证，增加教育的说服力和感染力，增强教育效果。

(三)言行一致、表里如一

幼儿园教师通过自身的人格去影响幼儿，需要教师言行如一、表里如一，才能对幼儿产生潜移默化的良好影响，产生积极的作用。如果幼儿园教师言行不一，将会给幼儿带来负面的影响，必然导致身虽教而教已废。

五、保教并重 ●●●

保教并重是幼儿园教育活动的基本原则，也是幼儿园教师道德修养的基本要求之一。这是学前教育法律法规的要求，也是幼儿身心发展特点的诉求。幼儿园保教并重的意思包含：一是幼儿园有保育和教育两方面的工作；二是幼儿园的保育和教育对幼儿发展同等重要；三是保育和教育互相结合，互相联系，互相渗透。幼儿园教师在保教过程中需要在生活上给予幼儿精心照料和安全保护，也需要对幼儿进行必要的知识启蒙和能力培养，注重保教结合，培育幼儿良好的意志品质，帮助幼儿养成良好的行为习惯。

落实保教并重的要求，须做到以下两个方面。

(一)树立保教结合观念

幼儿园教师要树立全面发展的教育思想，真正理解保教结合的含义。保教结合就是指幼儿园教师在工作中树立保教并重的观念，理解要在各项活动中做到"保中有教，教中有保"，做到保护幼儿的安全，安排好幼儿的一日生活，做好幼儿的疾病预防和膳食营养的合理搭配，培养幼儿良好的生活卫生习惯和优秀的道德品质，帮助幼儿积累各方面的经验，促进幼儿身心发展，实现保育和教育的共同目标。

(二)开展保教结合实践

幼儿园教师的保教工作面向全体幼儿，旨在让每一个幼儿身心得到健康发展。幼儿园教师应在幼儿的教学活动、日常活动、游戏活动中开展保教结合实践。在教学活动中，幼儿园教师要了解每一个幼儿的情况，针对不同的幼儿采取不同的教育方法开展保教活动。在日常生活中，幼儿园教师要抓住一切机会开展保教活动，如进餐、如厕、午睡等，促进幼儿养成良好的生活习惯。在游戏活动中，幼儿园教师既要引导幼儿自主游戏，发展幼儿的观察力、记忆力、想象力、创造力、沟通交流能力，培养幼儿遵守游戏规则的意识和习惯；幼儿园教师又要引导幼儿收拾和整理游戏材料，培养幼儿良好的行为习惯。

六、终身学习 ●●●

终身学习是幼儿园教师持续获得专业提升的动力和源泉。习近平在致全国教师的慰问信中提道："希望全国广大教师牢固树立中国特色社会主义理想信念，带头践行社会主义核心价值观，自觉增强立德树人、教书育人的荣誉感和责任感，学为人师，行为世范，做学生健康成长的指导者和引路人；牢固树立终身学习理念，加强学习，拓宽视野，更新知识，不断提高业务能力和教育教学质量，努力成为业务精湛、学生喜爱的高素质教师；牢固树立改革创新意识，踊跃投身教育创新实践，为发展具有中国特色、世界水平的现代教育作出贡献。"[1]《幼儿园教师专业标准（试行）》中的"终身学习"基本理念强调幼儿园教师要"学习先进学前教育理论，了解国内外学前教育改革与发展的经验和做法；优化知识结构，提高文化素养；具有终身学习与持续发展的意识和能力，做终身学习的典范"。终身学习是幼儿园教师道德的基本要求之一，其有两层含义：一是树立终身学习的理念，二是坚持终身学习的实践。

落实终身学习的要求，须做到以下两个方面。

（一）树立终身学习的理念

树立终身学习的理念，即幼儿园教师既要把终身学习作为职业发展和师德提升的必然需要，又要把终身学习作为自身的终身追求。"学而不厌"是指学习永远没有满足，这既是孔子对自身一生从教不断学习的概括和总结，又是孔子对从教者提出的第一要求。[2] 对幼儿园教师具体要求为：一是要有主动学习的愿望和行动，并坚持让学习伴随自己一生的教育事业；二是要在教育幼儿的过程中渗透终身学习的理念，促使幼儿养成终身学习的习惯。

（二）形成终身学习的态度和习惯

随着技术、经济和社会变革加快，"数字技术正在改变人类活动，从日常生活到

---

①《习近平向全国广大教师致慰问信》，载《光明日报》，2013-09-10。
②参见王毓珣、王颖：《教师新师德六项修炼》，205页，重庆，西南师范大学出版社，2009。

国际关系，从工作到休闲，并且正在重新定义私人生活和公共生活的多个方面"，"学会如何学习从来没有像今天这么重要"，"教师需要接受培训，学会促进学习、理解多样性、做到包容、培养与他人共处的能力以及保护和改善环境的能力"。① 幼儿园教师要贯彻终身学习的理念，做到时时学习，处处学习，还要在实践中不断提升保教能力，将自己所学所知融入幼儿教学的各方面。

▶ **学以致用** ◀

简答题

1.《幼儿园教师专业标准（试行）》的基本理念是什么？

2. 依法执教的要求是什么？

3. 爱岗敬业的要求是什么？

4. 关爱幼儿的要求是什么？

5. 保教并重的要求是什么？

第四讲

幼儿园教师道德修养的基本内容

头脑风暴

潍坊高新东明幼儿园教师丁沙沙：
以爱为本，于无声处静待花开

英国作家萨克雷说："播种行为，可以收获习惯。播种习惯可以收获性格。播种性格，可以收获命运。"丁老师在日常工作中几年如一日，坚持在平凡的岗位上做最好的自己。她能做到敬业在本职，奉献在岗位，以幼儿为本，关注每一位教师与幼儿。她带过的每一个班级都具有积极向上的班风、学风。她在园

---

①联合国教科文组织编：《反思教育：向"全球共同利益"的理念转变？》，联合国教科文组织总部中文科译，18、33、47页，北京，教育科学出版社，2017。

内举办的各种活动中积极向上、团结合作，得到了领导、同事和家长的一致好评。在做好日常教育活动的同时，她也关注孩子的保育生活，随时关注孩子的需求。记得有一年，班级里转来的一位小朋友，初入新的环境，特别不适应，丁老师观察到这个孩子特别爱美，于是每天午睡起床后就给她变换不同的发型。两周之后，孩子的状态与刚入园时相比截然不同。孩子妈妈说孩子每天都会特别盼望着去幼儿园，并由衷地感谢老师。①

　　思考：1. 丁老师的优秀表现在哪些方面？

　　　　　2. 作为一名幼儿园教师，你觉得可以怎样提升师德修养？

　　师德成长在本质上是教师的自我修养，不是被动接受道德理论和规范，而是必须在内心深处积极地理解道理、培养情感、磨炼意志，才能提高德行。② 幼儿园教师道德修养的基本内容包括提高幼儿园教师道德认知、陶冶幼儿园教师道德情感、磨砺幼儿园教师道德意志、规约幼儿园教师道德行为四个方面。

一、提高幼儿园教师道德认知 ●●●

　　影响幼儿园教师道德认知水平的主要因素可以分为环境因素和主体因素。其中，环境因素是指道德个体自身以外，影响幼儿园教师道德认知水平的所有因素，包括社会环境和自然环境，在此基础上，可以细分为传统教育观念、幼儿园工作氛围、社会对幼儿园教育的外部压力等。主体因素是指幼儿园教师个体内部影响道德认知水平的因素，主要包括道德需要、教师个体的自觉意识以及教师的人格品质。

　　提高幼儿园教师职业道德认知从教师个体着手，提升以下三个方面的认识。

　　(一)提升对教师道德修养价值的认识，是提高幼儿园教师道德认知的前提

　　幼儿园教师应该充分认识到幼儿教育事业的重要性和教育对象的特殊性，认识到教师道德修养的提升对开展幼儿教育教学活动的意义和价值，这样才能把外部教师道德规范自觉内化为自身需要，进而落实到教师道德修养行为上。

　　(二)提升对教师道德规范的认识，是提高幼儿园教师道德认知的基础

　　幼儿园教师道德规范是社会外部对教师提出的基本道德要求，也是教师开展教

①教育看潍坊(百家号)，2020-07-06。

②参见和学新、王文娟：《师德修养是师德成长的本质追求》，载《思想理论教育》，2011(6)。

育教学活动必须坚守的道德底线。提升对教师道德规范的认识，做到正确理解教师道德规范内涵与要求，能够判断哪些可以做，哪些不能做。幼儿园教师根据对教师道德规范的认识，应注意自己的身着打扮、言行举止、为人处世，以给幼儿潜移默化的作用。

(三)提升对幼儿园教育教学规律的认识，是提高幼儿园教师道德认知的重要因素

幼儿园教师只有正确认识教育教学规律，才能在教育教学活动中遵守幼儿园教育教学规律。如不能认识到位，教育教学活动偏离规律，过渡的"关爱幼儿"将变质成为溺爱幼儿，出现为幼儿代办、包办任何事的现象，阻碍幼儿成长和发展，不利于幼儿的成长。这就要求幼儿园教师不断丰富自己的学前教育专业理论，熟练掌握科学保教专业知识，在此基础上，教学实践活动中遵循教育教学规律，把"关爱幼儿"到实处。

严禁教师违规收受学生及家长礼品礼金等行为的规定

道德认知对道德行为具有先导作用。但是，具有良好的职业道德认知不一定会产生良好的职业道德行为，其中还涉及幼儿园教师个人意愿和毅力等因素的影响，因此职业道德中的情感与意志因素也是不可忽视的。

二、陶冶幼儿园教师道德情感 ●●●

影响幼儿园教师道德情感的因素很多，主要涉及教师自身及教育教学的环境，也就是主体因素和环境因素。

主体因素包括人格特征、职业兴趣、专业化程度等因素。幼儿园教师的道德情感与主体因素息息相关，人格特征是影响幼儿园教师道德情感的首要因素；职业兴趣是形成幼儿园教师道德情感的不竭动力；专业化程度是养成良好幼儿园教师道德情感的助推器。

环境因素包括社会环境、幼儿园环境、幼儿及家长因素等。社会环境是影响幼儿园教师道德情感主要因素之一，包括社会地位和职业特征两个方面。幼儿园是幼儿园教师开展教育教学的场所，影响幼儿园教师道德情感的因素包括工作环境和管理制度两方面。幼儿与家长是幼儿园教师工作的对象，可以说幼儿园教师工作情绪体验直接来源于幼儿与家长。

幼儿园教师道德情感由责任心、公正心、幸福感、关爱感、自豪感和尊重感等内容构成。归根结底，其核心是"教育爱"，具体表现在对教育事业的热爱和对幼儿的关爱。

"教育爱"是教师从内心表现出来的爱岗敬业、关爱幼儿的情感。幼儿园是科学保教的场所，幼儿园教师工作的出发点和落脚点都是保障幼儿健康快乐地成长，幼儿园的育人功能由幼儿园教师完成。幼儿园科学保教、快乐游戏、快乐体验成长等活动的完成需要幼儿园教师对幼儿发自内心的关爱。热爱幼儿是幼儿园教师需具有的职业情感，这种热爱源于幼儿园教师对幼儿园教育活动的深刻理解和强烈的事业心，源于幼儿园教师对幼儿成长的正确认识和高度责任感。幼儿园教师热爱教育事业和幼儿是对幼儿园教师的一项最基本要求。

《幼儿园教师专业标准（试行）》关于幼儿园教师职业道德情感方面提出以下几点基本要求：

…………

2. 理解幼儿保教工作的意义，热爱学前教育事业，具有职业理想和敬业精神。

3. 认同幼儿园教师的专业性和独特性，注重自身专业发展。

…………

6. 关爱幼儿，重视幼儿身心健康，将保护幼儿生命安全放在首位。

7. 尊重幼儿人格，维护幼儿合法权益，平等对待每一位幼儿。不讽刺、挖苦、歧视幼儿，不体罚或变相体罚幼儿。

8. 信任幼儿，尊重个体差异，主动了解和满足有益于幼儿身心发展的不同需求。

9. 重视生活对幼儿健康成长的重要价值，积极创造条件，让幼儿拥有快乐的幼儿园生活。

…………

16. 富有爱心、责任心、耐心和细心。

17. 乐观向上、热情开朗，有亲和力。

…………

三、磨砺幼儿园教师道德意志 ●●●

幼儿园教师道德意志受到客观条件制约，是幼儿园教师自身努力的结果。影响幼儿园教师道德意志形成的主要因素有遗传、环境及幼儿园教师自身三方面的因素。

遗传因素主要表现为个人气质对意志品质形成的影响。心理学家将人的气质划分为胆汁质、多血质、黏液质和抑郁质，大多数个体并不是单一的气质类型，也可以兼具不同的气质类型。环境因素包括社会环境、家庭环境、学校环境等。社会风气对幼儿园教师的价值观、人生观及世界观也有影响。教师自身因素包括个人的不良情绪与道德信念。个人的不良情绪会影响自身道德判断，会使道德意志发生偏差。道德信念能使幼儿园教师在教育活动中表现得坚定、顽强，磨砺道德意志，克服实践困难，评价道德行为。

以上因素制约着幼儿园教师道德意志的形成，磨砺幼儿园教师道德意志应当主要从以下三个方面开展。

（一）克服困难的勇气

教育教学活动中会面对与同事的竞争、社会舆论的压力、幼儿家长的质问、幼儿成长的问题等，当面对这些困难的时候，幼儿园教师必须具备顽强的毅力和坚定的信念，否则很有可能被困难压垮，不能完成教书育人的本职工作。幼儿园教师还需解决自身主观问题，如身体欠佳、保教能力不足、心理素质较差等，需要拥有克服困难的勇气，保障工作完成，促进自身专业水平得到提升。

（二）战胜诱惑的能力

当今社会市场经济快速发展，教师职业自豪感和成就感受到强烈冲击，幼儿园教师需要利用自身的道德意志抵制外界诱惑，坚定自身职业道德信念，恪守职业道德底线，做到不忘初心，完成使命。

（三）拥有坚定的自制力

现实生活中，幼儿园教师需要具备坚定的自制力，要注意自己的言行举止，维护良好的教师形象，为幼儿树立良好的学习榜样。此外，教育教学工作中遇到社会舆论压力、幼儿家长责问、领导指责等问题时，幼儿园教师难免会情绪激动，容易出现不当行为，有违教师职责本意。如果幼儿园教师拥有坚定的自制力，能全面思考问题，其行为将富有理性，不会因情绪失控导致不必要的麻烦。因而，幼儿园教师需在任何情况下都能控制自身的情绪、行为，避免有损师道尊严的事情发生。

在幼儿园教师道德品质中的构成要素中，道德认知、情感、意志都属于道德意识范畴，它们的作用在于指导和影响道德行为的选择。幼儿园教师道德修养不能仅仅停留在道德意识范畴，更应该用道德行为践行道德要求，做到知行统一。

四、规约幼儿园教师道德行为 ●●●

幼儿园教师道德行为是在教师道德认知、情感、意志等支配下完成的，受到社会环境影响。根据幼儿园教师道德行为的主体性和承启性的特点，影响幼儿园教师道德行为的因素可以分为规约道德意识和职业环境。幼儿园教师个体道德意识包括幼儿园教师道德认知、道德情感及道德意志。幼儿园教师职业环境中对教师个体道德行为影响较大的是幼儿园道德监督机制和道德奖惩机制。

规约幼儿园教师道德行为应从知行统一上着手。幼儿园教师道德认知、情感和意志是其道德行为的前提；幼儿园教师道德行为是把道德认知、情感和意志付诸实践。幼儿园教师要以知育情、以情坚意、以意强行。幼儿园教师道德意识是重要的评判尺度，它告诫教师哪些行为该做，哪些行为不该做。然而，有些幼儿园教师存在"知之而不行"，或者只说不做、言行不一，那就是"思想上的巨人，行动上的矮子"。幼儿园教师要做到心手结合、理论与行动相结合，实现知行统一。

幼儿园教师道德行为的养成是道德品质形成的关键。幼儿园教师只有在教育教学贯彻道德原则与规范的实践中，不断地提高道德认知、陶冶道德情感、磨砺道德意志及规约道德行为，才能培养出良好的道德品质。

▶ 学以致用

简答题

1. 幼儿园教师道德修养的基本内容是什么？

2. 提高幼儿园教师道德认知的方法有哪些？

3. 影响幼儿园教师道德情感的因素有哪些？

4. 磨砺幼儿园教师道德意志从哪些方面开展？

5. 规约幼儿园教师道德行为的方法是什么？

▶ 拓展阅读

1. 黄向阳：《德育原理》，上海，华东师范大学出版社，2000。

2. 刘铁芳：《什么是好的教育——学校教育的哲学阐释》，北京，高等教育出版社，2014。

3. 檀传宝：《德育原理》，北京，北京师范大学出版社，2017。

4. [英]休谟：《道德原则研究》，曾晓平译，北京，商务印书馆，2001。

5. [美]詹姆斯·雷切尔斯、[美]斯图尔特·雷切尔斯：《道德的理由》，杨宗元译，北京，中国人民大学出版社，2014。

▶ **基础练习**

一、单项选择题

1. 幼儿园王老师美术非常好。工作之余，王老师在校外开设兴趣班，这影响了她在幼儿园的工作。她在教学过程中总是敷衍了事，下午常常把班里的孩子交给配班老师就离开了。王老师的这种做法违背了教师职业道德中的( )。

A. 爱岗敬业　　　　　　　　B. 爱国守法

C. 关爱学生　　　　　　　　D. 终身学习

2. 以下跟教师道德修养无关的是( )。

A. 学而不厌，诲人不倦　　　B. 立志乐道，甘于奉献

C. 不愤不启，不悱不发　　　D. 以身作则，反躬自省

3. 以下表示传统师德非常重视严于律己、身体力行、为人表率的模范作用的是( )。

A. 躬自厚而薄责于人　　　　B. 三人行必有我师焉

C. 学而时习之　　　　　　　D. 见贤思齐

4. 王老师从大学毕业进入幼儿园从事教师工作至今已有10余年了，一直利用课余时间上网学习学前教育的新观念、方法、理论。王老师做到了( )。

A. 关爱幼儿　　　　　　　　B. 教书育人

C. 为人师表　　　　　　　　D. 终身学习

5. 张老师从事幼教事业已有10个年头，她一直用慈母般的爱心温暖着孩子们幼小的心灵。张老师的行为体现的职业道德规范是( )。

A. 爱国守法　　　　　　　　B. 爱岗敬业

C. 关爱幼儿　　　　　　　　D. 教书育人

二、简答题

简述幼儿园教师道德修养的基本要求。

▶ 实践训练 ◀

李教师的教育日志

下午的点心是每人一块蛋糕，孩子们像往常一样品尝着自己的那一份。发完后，我发现袋子里还有一块蛋糕，就随手给了旁边的莉莉，可没想到我这无心之举却引起了一场"风波"。莉莉脸上露出了得意的笑容，举起了那块蛋糕，在小朋友面前炫耀起来："这是李老师多给我吃的。"其他孩子有的向她投去羡慕的眼神，有的向我投来期待的眼神。孩子们接着纷纷议论起来，有的一本正经地说："她小，所以李老师才给她吃的呢！"有的愤愤不平地说："李老师一定是喜欢莉莉。"

这时，我才意识到刚才的举动欠考虑，冷落了其他小朋友，于是马上进行补救。"今天多的一块蛋糕，老师给了莉莉，以后多下来的点心，老师会发给别的小朋友，大家轮流吃，你们说好吗？"孩子们大声喊道："好。"

问题：请结合上述材料，从幼儿园教师道德修养的角度评析李老师的教育行为。

·第二单元检测题·

▶第三单元
▶幼儿园教师道德修养的养成与道德失范

▶单元导入

　　世界上有很多东西，给予他人时，往往是越分越少，然而，有一样东西却是越分越多。你也许会惊奇地问："那是什么?"我将毫不迟疑地回答你："那就是爱!"爱，不是索取，而是付出;不是等价交换，而是自我奉献。有人会问:"谁会这么做呢?"那就是和我一起为幼儿教育奉献一生的幼儿园教师。同学们思考一下，你们想不想成为合格的幼儿园教师，怎样才能成长为有素质、有教养的幼儿园教师呢?

▶ 思维导图

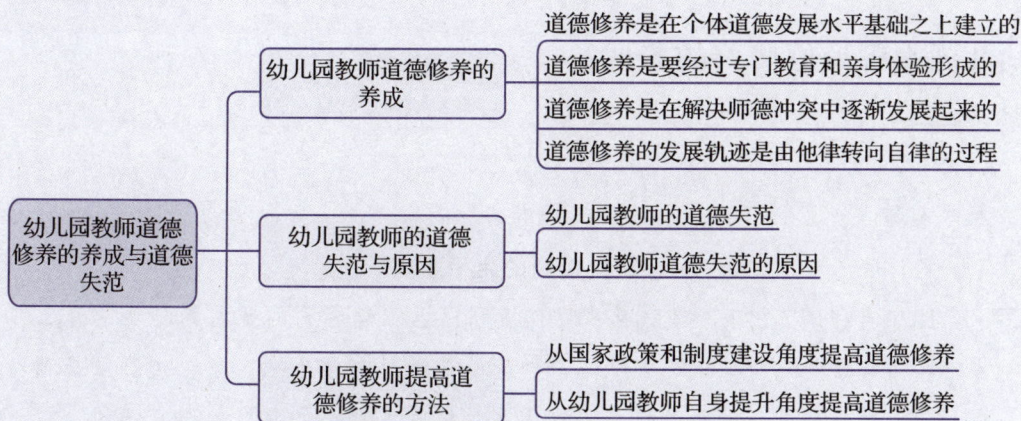

▶ 学习目标

1. 了解幼儿园教师道德修养的养成。

2. 了解幼儿园教师的道德失范与原因。

3. 掌握幼儿园教师提高道德修养的方法。

▶ 典型案例

陈鹤琴，浙江上虞人，20世纪中国杰出的教育家。潘菽说："他确实是一个很真诚的人，一个很淳朴的人，一个热情洋溢的人。只有这样的人才能真正热爱儿童，儿童也才会喜欢他。"陈一心说："我的父亲是一位好脾气的老师。他不仅对自己的孩子脾气好，对每个孩子都是如此。因此，在南京开办鼓楼幼儿园期间，孩子们都管他叫'校长妈妈'。"①

---

① 《绍兴时报》，2014-11-23。

第一讲

幼儿园教师道德修养的养成

头脑风暴

蒙台梭利的生平事迹

1870 年 8 月 31 日，玛丽亚·蒙台梭利出生于意大利的安科纳地区。她五岁时，因父亲调职而举家迁居罗马，自此她开始了求学生涯。蒙台梭利虽是独生女，但她的父母并未溺爱她，非常注重对她的教育，如要求她遵守纪律，帮助穷苦和身有残疾的儿童。因此，她幼年时就特别关心那些不幸的儿童，尽可能地帮助他们。蒙台梭利从孩提时代起，自尊心就非常强烈。有个老师对学生很严格，但并不尊重、关心学生。有一次这位老师用略带侮辱的口吻提及她的眼睛，为了抗议，她从此不在这位老师面前抬起"这双眼睛"。她认为孩子也是一个人，也需要受到尊重。上小学时，蒙台梭利就表现出关心、帮助其他儿童的倾向，对教师轻视儿童和侵犯儿童人格尊严的态度和行为极为反感。

1901 年，她转向对正常儿童的教育问题的研究：如何通过教育使他们各方面的能力都得到提高呢？从而有了伟大创举——成立"儿童之家"。1906 年，在罗马优良建筑工会的支持下，她在罗马成立了世界上第一所"儿童之家"。"儿童之家"是一个能为孩子提供发展机会的"环境"，它是"公立中的学校"，不仅具有"家"的内涵，如"成员的彼此相爱，环境中的一切设备都符合儿童的需要和尺寸"，更是孩子受教育的场所，"家"里的大人必须经常致力于"学校"环境的改造，使它们适合孩子的发展。蒙台梭利在这里研究能够促进孩子智力发展和人格完善的教具，并在观察中提炼出教师应该扮演的角色。蒙台梭利应用于3 岁至 5 岁孩子的教育方法，得到惊人成果。后来，伦敦、瑞士、荷兰等国家纷纷效仿设立"儿童之家"，邀请蒙台梭利前往开设师资培训课程。1952 年 5 月6 日，蒙台梭利逝世，享年 82 岁。

思考：根据蒙台梭利的生平事迹，你认为成为一位伟大的儿童教育家的前提是什么？

人的道德活动形式之一是道德修养。道德修养是指个人为实现一定的理想人格而在行为和意识方面进行的道德上的自我锻炼，以及由此达到的道德境界。不同阶段、时代、社会和阶级的道德修养有不同的途径、内容、目标和方法。教师道德修养的形成过程是师行、师道、师德等诸因素及其关系在教育实践中的运动转化过程，它受到个人所信奉的一般道德原则的制约。

一、道德修养是在个体道德发展水平基础之上建立的 ●●●

著名的教育家柯尔伯格的道德发展的三水平六阶段理论以及皮亚杰的道德认知发展阶段论都曾经对个人道德发展的阶段做过论述，教师的职业道德一般受个体道德发展水平的约束，师德调节的各种关系一般都不会违背个人的道德原则，因而个人的道德原则可以自然伸展。幼儿园教师是为国家、社会培养和教育下一代的职业，对幼儿自身的价值观、人生观、世界观等都要进行引导。教师在形成师德之前，所要做的是要成为先进的积极分子和优秀的公民，这并不是过高的要求，而是作为教师所拥有的社会地位与本质素质的客观规定。顾明远认为，爱是师德的核心，没有爱就没有教育；而不懂得爱的实质，缺乏爱的能力与智慧，将不会是合格的教师。虽然教师在我们的生活中非常常见，但是却具有巨大的影响力，像有魔法一般，可能教师随口说出的一句话，不经意间的一个小动作，都会触动学生的心灵。简而言之，幼儿园教师关爱幼儿，是职业道德的根本落脚点，没有爱的教育，不叫作教育。有没有爱心，是评判一个人是否有道德素养的根本，幼儿园教师对孩子们有爱的教育是职业道德的需要。我国现行的幼儿园教师资格考试制度，也强调个体思想政治道德方面的要求，确认本人没有失信、违法等问题，还强调了在职业道德这方面优先考虑个人道德信誉的问题，这样个体才会有更良好的发展前景。[1] 职业道德发展的基础建立在一般道德的基础之上，一般道德的发展又会受职业道德的发展进一步深化。

二、道德修养是要经过专门教育和亲身体验形成的 ●●●

理想的师德应该是知行统一，包括"知""情""意""行"。"知"即品德认识，是人们对是非善恶的认识和评价以及在此基础上形成的品德观念，包括品德认识和判断。品德形成的基础是品德认识。"情"即品德情感，表现为人们对客观事物爱憎、好恶

---

[1]参见左志宏主编：《幼儿园教师职业道德》，58页，北京，北京师范大学出版社，2014。

的态度，是人们对客观事物做出是非善恶判断时引起的内心体验。产生品德行为的内部动力和实现转化的催化剂是品德情感。"意"即品德意志，是人们为实现一定的品德行为目的所做出的努力的过程，调节品德行为的精神力量则是品德意志。"行"即品德行为，是通过实践或练习形成的，是实现品德认识、情感以及由品德需要产生的品德动机的定向及外部表现。衡量品德水平的重要标志是品德行为。提高品德认知、陶冶品德情感、锻炼品德意志和培养品德行为习惯是德育过程的一般顺序概括，以"知"为开端、以"行"为终结是一般的德育过程。

品德的基本概念

由于复杂的社会生活和德育影响的多样性等因素，在具体实施德育的过程中，又具有多种开端，根据具体情况对症下药，达到在"知""情""意""行"方面和谐发展的目的。如果只有"知"而没有"行"，道德认知就会丢失它根本的价值。"知"和"行"并不存在对应的因果关系，因为从"知"到"行"存在着意志、情感、行动等复杂的因素。

良好的师德的形成需要一个比较漫长的时间，不仅需要在道德认知层面的斟酌、同化和重构，更需要教师在实践中对道德行动产生良好的体验，在道德冲突中坚持自己的道德行为。只有这样才能把社会所要求的职业道德规范变成教师个人自觉的行动。在践行教师职业道德过程中，幼儿园教师要敬业爱幼、尊重幼儿、强化责任、为人师表，通过实践和亲身体验慢慢形成自己的职业道德认知。[1]

三、道德修养是在解决师德冲突中逐渐发展起来的 ●●●

道德是人类在解决冲突的过程中形成的，人们利用先前所形成的规范来预防和解决冲突，正是道德力量的价值所在。道德冲突是个人形成内在的道德规范过程中所必然经历的。有的幼儿园教师认同感比较低，责任意识较弱，尊重幼儿的意识有待加强。我们要考虑幼儿园教师在面对道德冲突时，是否能够真正地解决问题，怎样在冲突中找到解决问题的方法，在冲突中成长。

幼儿园教师要能正确地解决与同事、家长之间的问题，要有目的地理解教育事件中包含的道德意义，在相关的活动中体验相应的师德情感，有目的地磨炼自己的道德意志。

---

[1] 参见包金玲：《教师职业道德的传统与发展》，载《国家教育行政学院学报》，2006(6)。

四、道德修养的发展轨迹是由他律转向自律的过程 ●●●

　　什么是他律？什么是自律？自律和他律最开始是皮亚杰描述儿童道德、判断发展所用的术语。他律是指接受他人的约束，接受他人的监督和检查。他律的道德判断具有客观性，是前期儿童道德发展水平的基本特点。他律的道德判断是根据表象的道德行为准则，只注意行为的客观结果而不关心、不注重主观的动机。自律是指在没有人现场亲自监督的情况下，自己要求自己，把被动变为主动，自觉遵守法度，拿它来约束自己的行为和举止，不受外界的束缚和情感支配，根据自己的意志，按照自己的道德规律和行事的原则与他人相处。道德自律是指儿童自觉按照道德规范，自我对比、自我反省、自我改进、自我提高的过程。

　　师德的形成与培养是一个由规范转变为自身的修养的过程，而这也就决定了师德的发展必须是一个由他律转变为自律、由被动逐渐转化为主动的过程。幼儿园教师首先需要明白自己职业的意义所在，它包括教师的职业理想、职业责任、职业态度、职业纪律、职业良心、职业荣誉、职业作风等方面。师德自律能力是一种较高的能力，它通过外在的力量引发内在的体验，必须以纪律的形式来进行要求，让幼儿园教师在教育实践中形成和增强自律能力。

▶ **学以致用**

　　简答题

　　1. 简述品德中的"知""情""意""行"的含义及内在关系。

　　2. 什么是自律？

　　3. 简述幼儿园教师道德修养如何养成。

第二讲

幼儿园教师的道德失范与原因

头脑风暴

幼儿园教师婉拒购物卡　传递师德正能量

"收到你们和孩子精心制作的贺卡，我们很开心。贺卡我收下了，但里面的购物卡我不能收，放在迪迪书包里退回，请查收。"这几天，一封字迹娟秀的信在网上热传，人们纷纷赞扬信中散发的师德正能量。9月14日，记者走进上海市浦东新区民办爱绿幼儿园，见到了写信的教师钟艳。

钟艳说："我不能改变大的环境，但我可以从自己做起，保证做得正，坚持当初的理想，为教育做一点有意义的事情。"在她眼里，谢绝收礼是一件再平常不过的事，昧心收礼才是反常的。她说："如果收了不该收的，就会觉得欠家长一份人情，不可能按照教育规律秉公办事，那样就把教育环境弄得乌烟瘴气了。"①

思考： 1. 钟艳的做法给你带来什么启示？

2. 如果你遇到类似的情况会怎么做？

幼儿园是对学前儿童实施保育和教育的机构，是幼儿走进社会的第一站。幼儿园教师是幼儿成长的启蒙者，对幼儿思想品质、行为习惯、性格形成具有举足轻重的影响。幼儿园教师道德失范不仅伤害幼儿的身心健康，也会使幼儿园教师队伍的整体形象受到影响，损害幼儿园教师的社会地位。

一、幼儿园教师的道德失范 ●●●

（一）拜金主义倾向严重，以教谋私

自改革开放以来，经济飞速发展，教育体制得到完善，教育事业得到更好的

---

① 《上海幼教钟艳老师：拒收礼物传递师德正能量》，载《中国教育报》，2012-09-17。

发展。但是，在人们的物质生活提高的同时，一些错误的思想渗透到了教育领域中。个别教师抵挡不住利益的诱惑，做出了违反教师职业道德的行为。教师所扮演的角色不是将知识照本宣科地教给学生，而是在完成教学任务的同时，对学生进行规范、正确的思想行为教育。这对于幼儿园教师来说更为重要，幼儿处于人生起步阶段，具有很强的可塑性，切不可为了满足一己私欲，在幼儿心灵中埋下自私的种子，影响幼儿未来发展。更不能在家长心中破坏教师的良好形象，阻碍教育事业的发展。

(二)采用体罚和变相体罚的管理手段

幼儿处于人生起步阶段，无论是分辨是非的能力还是自理能力都处于朦胧状态，对陌生事物也充满了好奇心或畏惧心理。因此，在幼儿园教师施教过程中，不可避免地会出现幼儿不参与活动的现象，合格的幼儿园教师会结合实际耐心地对幼儿采取劝说、安抚、引导等规范的教育方式。但是也有个别幼儿园教师采取过激的教育方式——训斥与体罚。除了训斥与体罚外，也有幼儿园教师对幼儿采用了除身体接触外的变相体罚。幼儿自理能力不强，性格处于塑造期，需要家长与幼儿园教师的共同努力来完成对幼儿的早期教育。在这一过程中，幼儿出现好动好闹等现象也很正常。在对这些现象的处理中，幼儿园教师若采用恶言相向、刻意疏远等针对幼儿的行为，会伤害幼儿的心灵。这些行为会在幼儿心灵成长历程中留下创伤。当然，在幼儿园教师当中，在职人员工作的时间较短，除对校方负责外，还要负责幼儿的安全，压力较大，处理自身心理压力方面也并不成熟，这会加剧导致幼儿园教师行为失当。

体罚对幼儿身心
发展的影响

(三)缺乏爱心，对幼儿缺乏足够的尊重

自《幼儿园工作规程》《幼儿园教育指导纲要(试行)》颁布实施以来，尊重儿童、幼儿为本的理念在我国学前教育领域被广泛宣传，可以说已经深入广大幼儿园教师之心。幼儿处于成长的初步阶段，这个阶段是塑造性格和基础能力的重要阶段。所以，让幼儿保持良好的自尊心与自信心是幼儿园教师在校园中的重要职责之一。

相关链接

对于如此纤弱、如此无力抗拒虐待的幼年，任何人都不允许滥用权威。

——[古罗马]昆体良

鞭挞儿童，是教育上最不适用的一种方法。

——[英]约翰·洛克

体罚是权威制度的残余，在时代的意义上说它已成为死去的东西；它非但不足以使儿童改善行为，相反地，它是将儿童挤下黑暗的深渊。

——陶行知

但是，有的幼儿园教师却意识不到这一点，他们在对幼儿进行教育工作时，有时会出现打击幼儿自尊心与自信心的行为，这种行为属于不自觉状态。但如果幼儿园教师对幼儿刻意保持冷漠、夸大地否定幼儿的能力，就不符合幼儿园教师的工作准则，是缺乏师爱的表现。这些行为将会对幼儿造成不可估计的后果，极有可能会使幼儿缺乏自信，养成自卑的心理，甚至会让幼儿在成长过程中走弯路。

(四)缺乏事业心和责任心

幼儿园教师的责任意识是师德的重要内容，对幼儿细心，有爱心、耐心、责任心是幼儿园教师必备的专业素养。育人比教书更为重要。

随着我国经济的发展，人们的物质生活与精神生活的提升不同步。在这个过程中，教书逐渐被个别求职者与在职者当作谋生手段。个别教师不再是传道的师者，而是单纯授业解惑的教职员。他们并未忠于教育事业，对从事的职业缺乏认同感，态度不端正，这样的人如何去指望他们对学生负责，对教育事业负责呢？叶澜把教师分为三类：生存型、享受型、发展型。对于广大的教师来说，发展型应为教师职业的衡量标准，可是这毕竟是理想状态，与现实总是存在差别。一些幼儿园教师只是将其作为谋生途径，不求创新上进，既不认真教育幼儿，也不与时俱进，处于得过且过的状态。总而言之，就是缺乏对本职工作的认可，缺乏事业心、责任心。

(五)采用小学化教育方式，组织有碍幼儿身心健康的活动

幼儿园是幼儿进行社会学习的重要场所，对于幼儿的身心发展有着极为重要的

意义，但是根据当前的发展情况，部分幼儿园呈现小学化教育的倾向。教师教幼儿小学的知识，违背了幼儿园教育发展初衷。在幼儿园教育教学当中，家长希望孩子不要输在起跑线上，对于幼儿的成长提出了更高的要求。部分幼儿园教师为了更好地契合家长的心理和需求，在幼儿园教学当中通过小学化的教学模式教幼儿小学的知识，希望幼儿在学习过程当中具备小学生的学习思维。但是，由于幼儿年龄较小，思维正处在高速发展时期，教师采用小学化的教学策略很难提升幼儿的学习能力，久而久之还会使幼儿产生厌倦的心理，不利于幼儿在成长过程当中树立科学的成长观念和成长意识。

（六）通过各种渠道发表传播错误观点或编造不良信息

当今时代是大数据时代，每天会有大量的新闻资讯发布在相关平台。作为教师，我们应要多注意自己的一言一行，不能为了在社交平台博取关注就没有底线。对于教师来说，即使是"开玩笑"，也是要有分寸、节制，讲究对象、场合、方式的，并不是任何对象、任何事情，都是可以和适合随意开玩笑的，至少像涉及"儿童权益保护""儿童教育"这样严肃的事情，决不能随意作为"玩笑"、戏谑的对象。幼儿园教师不得通过保教活动、论坛、讲座、信息网络及其他渠道发表、转发错误观点，或编造散布虚假信息、不良信息。

二、幼儿园教师道德失范的原因 ●●●

（一）社会原因

1. 市场经济的冲击

从受教育者家庭看，多数孩子在家庭生活中受到父母及父母上一代人的关爱，存在溺爱孩子的现象。这加大了幼儿园教育工作者的工作难度，他们有时没有办法在教育孩子方面与家长达成一致。当今社会民办幼儿园较多，师资水平受到家长的怀疑。这导致很多家长倾向选择公立幼儿园。但公立幼儿园的数量本身就少，再加上校舍不足，班容量较大，入园难。这些现象加重了公立幼儿园教师的工作任务，很可能导致幼儿教育质量下降。部分公立幼儿园教师没有办法兼顾所有孩子的教育，也无法就孩子身上所发生的问题及时地同家长进行沟通。

一些民办幼儿园为取得更多的利益，把幼儿园班级划分出高、中、低档区域供家长选择，对幼儿进行不平等式的教育。还有一些民办幼儿园打着"不要让孩子输在起跑线"的口号推出了"小学化"的学前教育，以此来获得最大利益。更有甚者，通过减少硬件设备投入、减少保育员配备人数等手段增加利润。这严重影响了幼儿园教师队伍的稳定性，降低了幼儿园教师的工作热情以及职业信仰，幼儿园的教学质量也随之降低。

相关链接

法规选读

1. 缔约国应采取一切适当的立法、行政、社会和教育措施，保护儿童在受父母、法定监护人或其他任何负责照管儿童的人的照料时，不致受到任何形式的身心摧残、伤害或凌辱，忽视或照料不周，虐待或剥削，包括性侵犯。

2. 这类保护性措施应酌情包括采取有效程序以建立社会方案，向儿童和负责照管儿童的人提供必要的支助，采取其他预防形式，查明、报告、查询、调查、处理和追究前述的虐待儿童事件，以及在适当时进行司法干预。

——联合国《儿童权利公约》第十九条

儿童应被保护不受一切形式的忽视、虐待和剥削。

——联合国《儿童权利宣言》原则九

---

2. 缺乏有效的监督机制

一种职业如果没有外部的监督，那么就如脱缰野马，必然会导致堕落腐败。在学校中，如果没有切实可行、行之有效的监督机制，那么违背教师职业道德的风气就会愈演愈烈，无法形成遏恶扬善的力量，职业道德规范的作用就难以发挥，职业道德的建设就无法深入开展。当前，我国对幼儿园教师缺乏有效、健全的监督机制，很多监督制度还仅仅停留在口头上和表面上，人民群众和社会舆论监督也没有得到有效的发挥，社会对于监督幼儿园教师违反师德行为的作用比较弱，难以对幼儿园教师职业行为形成有效的约束，这是幼儿园教师道德失范的一个因素。

3. 部分幼儿园教师的准入门槛过低

有些幼儿园存在任职教师没有取得教师资格的现象。幼儿园教师负有教师和保育员两种角色的职责，从事这一职业必须持有幼儿园教师资格证书。但目前，我们国家还没有颁布幼儿园教师职业准入标准，只在《关于加强幼儿园教师队伍建设的意见》《教师

教师资格条例
（节选）

资格条例》等文件中有所涉及。另外，对于幼儿园教师的学历、专业知识水平、教育能力等要求只是由各省规定，存在着教师准入门槛过低的现象。虽然国家发布的一些文件中规定幼儿园教师必须持有教师资格证书才能上岗，但仍有部分幼儿园为了自身利益对此置若罔闻。

《中华人民共和国教师法》规定，取得幼儿园教师资格，应当具备幼儿师范学校毕业及其以上学历；不具备本法规定的教师资格学历的公民，申请获取教师资格，必须通过国家教师资格考试。按照这一规定，具有中专以上学历且通过国家教师资格考试即可申请幼儿园教师资格。目前，培养未来幼儿园教师的师范学校大部分属于专科院校，有些幼儿师范学校管理不严格，既不抓学生的文化知识，又不对学生的思想品德、心理健康进行严格的考核，培养质量不尽人意。

4. 部分幼儿园教师的合法权益得不到保障

幼儿园教师不仅担负教育的责任，还有保育的压力，每天怀抱着爱去教育引导幼儿成长，其职业的辛苦是显而易见的。幼儿园教师的工作强度大、繁杂，对一个人的体力耐心有非常高的要求，幼儿园教师面对的是可塑性极强的幼儿，其工作充满创造性和挑战性，然而他们的合法权益有时却得不到保障。部分幼儿园教师的劳动所得与他们高强度超负荷的劳动、为社会所创造的价值、对整个社会的和谐发展所起的作用不成正比，导致某些幼儿园教师的自我认同度低，价值取向易产生偏差，职业信念易发生动摇。这在一定程度上影响了幼儿园教师队伍的稳定性。

(二)个人原因

1. 自我专业认同感低

某些幼儿园教师不能正确看待自己的职业，觉得工作强度大、过度辛苦、成就感低，付出与所得不成正比。许多教师把教书育人仅仅当作一份工作、一种谋生的手段，每天按照固定模式工作，体会不到工作带来的快乐和成就感，缺乏创造性。由于受传统观念的束缚，他们只是按部就班地工作，创造性难以发挥，这就阻碍了幼儿园教师的自我完善与发展。

相关链接

教师敬业的十种表现

一是把教师工作当作终生追求的事业来做。

二是把所教的每一个学生都当成自己的孩子。

三是把促进每一个学生的进步作为自己的神圣职责。

四是把每一节课都上成优质高效课。

五是把读书学习作为丰富自我的终生爱好。

六是把每一个教师看成携手共赢的亲密战友。

七是把每一位家长看成平等协助的教育伙伴。

八是把学校当成荣辱与共、休戚相关的家。

九是把烦琐劳累的工作当作科研探索之路。

十是把教育业绩看作自我生命的光彩与价值的"史记"。

如果不改变这种境况，仍然保持着错误的自我观念，那么长此以往就会产生职业倦怠。幼儿园教师的工作需要更多的耐心，需要付出更多的辛苦，既要照顾幼儿的生活起居，在生活上给予他们细心的照料，还要向他们传授知识，培养他们的兴趣，使他们得到良好的发展。幼儿园教师的工作成果无法评估，这样就会导致幼儿园教师缺乏成就感，自我专业认同比较低。

2. 功利思想较重，缺乏奉献精神

部分幼儿园教师存在思想滑坡和信念动摇，争名逐利，工作重心由对幼儿的孜孜教诲变为了对金钱的追求，有的开始慢慢地对自己的职业产生迷茫，对自己的前途产生怀疑，辞职寻找新的发展。

但是，幼儿园教师是教师队伍中不可忽略的重要力量。幼儿园教师主要对幼儿进行启蒙教育，帮助他们获得有益的学习经验，促进其身心全面和谐发展。幼儿园教师在教育过程中的角色绝不仅仅是知识的传递者，还是幼儿学习活动的支持者、合作者、引导者。幼儿园教师除了履行岗位职责以外，还要对本班工作全面负责。幼儿园教师平时的工作是非常繁重的，尽管工作繁忙，但面对幼儿，教师们需要具有爱心、耐心，具有奉献精神。

案例分析

"园长妈妈"像太阳

"睡吧，睡吧，我亲爱的宝贝，妈妈的双手轻轻摇着你……"这首《摇篮曲》是安徽省淮南市市直机关幼儿园园长孙明霞最爱听、爱唱的歌。她说，喜欢这首歌是因为它轻柔、动人，幼儿园教师就是要做"妈妈老师"，用母亲般的温柔和全部的爱去温暖孩子、培育孩子，让他们健康快乐地成长。

1986年，怀揣着美好梦想，孙明霞走出淮南师范学院的大门，成了一个"推摇篮的人"。孩子不会画画，她便手把手地指导；孩子哭闹不休、扔东西，她就耐心地给他们讲故事、陪他们做游戏；孩子们午睡休息了，她把每个小朋友的手放进被窝，把被角掖好。有一天晚上10点，有个孩子还没有被接走，电话又联系不上家长，孙明霞就把孩子带回家。当天晚上，孩子闹肚子，弄脏了裤子，她为孩子洗了澡换上干净衣服。第二天，面对家长的感谢，她说："我是孩子的'妈妈老师'！"

身为教师，除了爱心、耐心，还必须有教育孩子的本领。孙明霞在教育内容、教育方法、教育原则上不断探索。她与同事承担中央教育科学研究所的"玩具及操作性学习方式与幼儿创新能力发展关系的研究"课题，获全国优秀奖并被定为全国教育科学"十五"规划重点课题。孙明霞将成果应用于实践，大大提高了孩子们灵活运用手脑、观察、语言表达的能力。

田二幼、田三幼、田四幼、田五幼、市直幼，孙明霞曾经工作过的5所幼儿园先后被评为省市一类园，同事称她是"工作的带头人，也是带头工作的人"，是"走一点，红一块；走一线，红一片！"

每天清晨，她满脸笑容地从家长手里接过孩子们的小手；傍晚，她又笑容可掬地和每个孩子、家长挥手再见。要是问孩子们："园长像什么？"他们准保会说："'园长妈妈'像太阳！"[①]

分析：陶行知曾经说过"捧着一颗心来，不带半根草去"，幼儿园教师应该全身心地爱孩子，这就是幼儿园教师最基本的职业道德。案例中的"园长妈妈"为我们诠释了何为幼教工作者的概念，为年轻教师做榜样。

---

① 《"园长妈妈"像太阳——记安徽省淮南市直机关幼儿园园长孙明霞》，载《光明日报》，2012-09-18。

教师的奉献精神体现了教师高尚的人格。一位有奉献精神的教师，既能毫无保留地把知识传授给学生，充实丰富学生，更能将正确的世界观、价值观，良好的思想品德，行为习惯灌输给学生，保证学生的身心健康。

3. 素质偏低，法律意识淡薄

有些幼儿园教师学历不高，专业能力不足；有些幼儿园教师有高学历，拥有过硬的专业知识和技能，但是对幼儿缺乏足够的耐心。有些幼儿园招聘教师只注重学历，却忽视了个人的道德品质，这样就会把道德品质有问题或职业道德不高的人招入教师队伍。教师如不提高自身修养的水平，不注重自身职业道德的培养，不能严格要求自己，就会难以抗拒诱惑，甚至会做出违背教师职业道德的行为。幼儿园教师的法律素养与幼儿的身心健康同幼教事业的发展息息相关。有些幼儿园教师不懂法律或者法律意识淡薄。这样会损害幼儿的身心健康，其后果不堪设想，不仅会给幼儿带去负面情绪，还可能会给幼儿留下阴影，影响幼儿的性格。有些幼儿园教师侵犯了幼儿的隐私权、人格尊严权、生命健康权、人身自由权却不自知，这些都显示了幼儿园教师法律意识的淡薄。

4. 心理健康水平偏低

我国正处于文化教育的改革期和转型期。传统的教育观念与新兴的教育观念发生了碰撞，教师理想中的职业现状与现实情况产生落差，社会、学校、家长对教师的要求和期望过高，教师与领导、同事、家长的复杂关系，这些都会使教师心理压力过大，导致部分教师的心理问题得不到解决，教师的心理问题不断增多，阻碍了自身职业道德水平的提高。可见，要重视并有效地解决部分幼儿园教师的心理问题，维护他们的心理健康。

5. 压力过大，职业倦怠使幼儿园教师丧失爱心和耐心

由于社会的发展、人们生活水平的提高，幼儿教育越来越受到社会和广大民众的重视，但是幼儿教育迅速发展的同时，也带来了幼儿园师资短缺的问题。幼儿园和学龄前儿童数量增多，有些幼儿园进行了扩招，但是师资力量却没有提升，这样原有的教师被分配到更多的任务。此外，幼儿园教师面对的是一些生活还不能完全自理、身心发展还不成熟的幼儿，需要照顾他们的日常生活，需要呵护他们的身心健康。幼儿园教师必须付出更多的耐心和责任心。这些导致幼儿园教师身心疲惫、焦躁不安，对职业发展前景迷茫，缺乏信心和成就感等。这不仅影响幼儿园教师的身体健康，还会影响幼儿园教师的工作质量和热情，也在某种程度上阻碍了幼儿园

教师职业道德的提高。

▶ **学以致用** ◀

简答题

1. 简述幼儿园教师的道德失范。

2. 简述幼儿园教师道德失范的原因。

第三讲

幼儿园教师提高道德修养的方法

　　良好的师德修养不是与生俱来的，而是在科学理论的指导下，经过长期的社会实践，不断完善自身的结果，理论与实践相结合是师德修养的根本途径。幼儿园教师职业道德从宏观角度上受国家政策、社会环境、教育系统以及幼儿园环境等方面的影响。因此，从宏观层面来看，幼儿园教师职业道德建设是一个系统工程，但从微观层面来看，对于幼儿园教师而言，师德并不能自然而然地"被动获得"，而是需要幼儿园教师通过各种途径与方式"主动修炼"。本讲我们先对宏观环境因素做详细分析，再从微观层面谈谈幼儿园教师个人进行道德修养的方法。总的来说，学习、反思、模仿和实践是其中行之有效的方法。

一、从国家政策和制度建设角度提高道德修养 ●●●

　　（一）加强学前教育的立法工作

　　学前教育的立法问题，近年来，社会上方方面面屡有呼吁之声，在全国人民代表大会上，也有不少代表提交过相关提案。教育行政主管部门也做出过充分的调研和论证，并做了相关立法的准备工作。[1]

---

[1] 2020年9月7日，教育部发布《关于〈中华人民共和国学前教育法草案（征求意见稿）〉公开征求意见的公告》，意见反馈截止时间为2020年10月7日。

(二)完善职业道德奖惩机制，加强职业道德检查监督

各级教育行政主管部门要根据国家的法律和政策，结合本地区的实际情况，制定本地区的道德奖惩制度，制定切实可行的职业道德监督措施；要经常性地派人员深入一线了解幼儿园教师的状况，及时督促幼儿园对师德方面的管理；对于本地区的道德先进教师要及时地进行表彰，树先进典型、立道德楷模；对于违反职业道德的教师要及时地进行批评、纠正和处罚。教育行政主管部门不应当关

教育部关于建立健全中小学师德建设长效机制的意见(节选)

门行政、纸上行政，要把引导、监督工作制度化、具体化、实践化；对于当地出现严重违反师德问题的事件，要追究教育行政主管部门相关人员的领导责任。

幼儿园要真正重视教师的道德修养建设，把道德修养建设制度化、常态化，定期对幼儿园教师进行职业道德理论教育，提升幼儿园教师道德修养的理论素养；建立和完善幼儿园教师道德激励和约束机制，把道德标准作为考评的首要指标，纠正只重视业务的错误倾向。

(三)加强对幼儿园教师的道德修养教育和培养

道德修养教育是幼儿园教师道德建设中的首要环节，是提升幼儿园教师职业道德素养的重要途径。教育行政主管部门要利用各种方式，对幼儿园教师进行充分的职业道德培训，提升幼儿园教师的职业道德水准；"国培计划"应当将道德教育作为重要内容加入进去，大面积提升农村幼儿园教师的职业道德素质。开设学前教育专业的各类院校要高度重视对在校生进行职业道德和法律意识的教育，还要重视道德和法律方面的课程。特别是高等院校，不能仅重视教育部规定的思政课而忽视道德修养课程。幼儿园作为幼儿园教师的直接管理方，应当加强对本园教师的道德教育培训和监督管理工作。

二、从幼儿园教师自身提升角度提高道德修养 ●●●

(一)加强自身学习，通过学习获得师德理论

加强自身学习，是师德修养的必要途径。学习是修养的前提，尤其是幼儿园教师，本身学习理论时间尚短、年纪较小，需要自己多进行研修，多学习一些教育理论知识。对教育理论和专业伦理规范的学习是幼儿园教师形成师德的主要来源。但是，幼儿园教师的理论学习也要注意各方面的支持，学习的方式与方法也要正确。

首先，激发对学前知识理论学习的强烈动机。强烈的学习动机是幼儿园教师愿意接受外在的教育理论和专业伦理规范的决定性的因素，是幼儿园教师通过理论的引领生成专业理念和师德的内部动力。如果幼儿园教师没有强烈的学习需求，甚至对这些理论持排斥情绪，就不会有了解这些理论的进一步举动，更不会将理论内化为自己的理念和思想。

其次，提高自身的理论修养和政治觉悟。从维果茨基的"最近发展区"来看，学习者要根据自己的专业理论水平选择自己能理解、接受的知识，知识和实践相结合地去理解、研究，把知识内化成为自己的。具体的学习内容如下：第一，要学习马列主义、毛泽东思想、邓小平理论和"三个代表"重要思想、科学发展观、习近平新时代中国特色社会主义思想，树立正确的世界观和人生观；第二，要学习幼儿园师德修养的理论，深刻理解幼儿园教师道德规范和要求，明辨是非，提高遵守幼儿园师德规范和要求的自觉性；第三，要学习教育科学理论和科学文化知识，包括学前教育学、学前心理学、学前卫生学等，研读《幼儿园教育指导纲要(试行)》《3—6岁儿童学习与发展指南》，掌握教书育人的本领。这是幼儿园教师职业道德规范的基本要求。

(二)勤于实践磨炼，通过持续实践形成师德品质

蔡元培曾说过，道德不是记熟几句格言就可以了事的，要重在实践。坚持不懈的实践是幼儿园教师道德修养最重要的途径和方法，是正确认识幼儿园师德观念的来源。只有在幼儿园的教育实践活动中，才能正确认识教育活动中利益和道德的关系，才能养成良好的师德品质。幼儿园教师需要将师德内化成自己的行为，无论是否有外在的约束和监督机制，都应严格要求自己，自觉自愿地遵守和践行师德规范，只有这样才能形成与教师的职业相适应的道德修养，这是师德修炼的最高境界。实践的过程，其实就是幼儿园教师在学习师德理论、模仿榜样行为或者反思自己的不足之处后，以行为的方式加以体现，并通过不断的实践最终固化下来，成为一种具有个性化的师德品质的过程。不断的实践能够促使幼儿园教师将外在的师德知识、师德规则内化为道德力量和高尚的人格，从而使教师有高度的责任感，并能自觉自愿地认同和遵守师德规范，将其作为自己开展保教工作的行为准则。

(三)树立榜样，通过榜样模仿习得师德的行为

树立道德榜样是提升师德修养的重要方法。榜样的力量是无穷的，要引导和鼓

励幼儿园教师之间相互学习和探讨,大力宣传幼儿园教师中的先进典型,用榜样人物的先进事迹、高尚情操、模范行为引领幼儿园教师,把抽象的道德观念、行为规范等形象化、具体化,以先进模范的行为激励幼儿园教师,增强师德修养的自觉性。学习先进幼儿园教师的优秀品质,主要有两个途径:一是多读教育界名人的传记和模范教师的先进事迹;二是学习身边的模范教师。

另外,幼儿园教师要培养师德,需要注意两点。第一点,增强自觉模仿的意识与能力。任何模仿都带有明显的倾向性和目的性,幼儿园教师对师德榜样的模仿不仅是为了更好地适应保教工作,更是为了获得更大的成就和进步,满足自尊感和职业成就感。第二点,促使自己认同师德榜样行为的价值和意义。最初的模仿一般只能模仿外显行为,很难触及内心世界,要达到更深层次,就必须认识到被模仿行为的意义和价值,并伴随有喜悦的情绪体验,有选择、有目的、有计划、有步骤地进行模仿,不但要模仿榜样的行为和工作方法,更应该模仿榜样的气质和思维方式。身边的同事、优秀教师和师德标兵、育人楷模,都可以成为幼儿园教师模仿的对象。

(四)在工作中学会反思,通过不断的反思体悟师德的形成

反思是提高幼儿园教师道德修养的重要方法。师德修养是教师自身素养的重要组成部分,是教师自我锻炼、自我陶冶、自我教育、逐步完善的过程。

首先,幼儿园教师必须有反思的意识。在现实的实践中,我们常常发现有些教师在工作了很长一段时间以后还不能对自己的教育实践有深刻的体会,工作经验的积累对他们来说只是一个时间上的概念而已,这些教师很难真正形成自身的师德修养。幼儿园教师必须对自己的教育活动进行不断地反思,及时发现自己的缺点,并及时纠正,不断实现自我更新,对幼儿施以积极的教育影响,促进幼儿健康快乐成长。

其次,幼儿园教师还必须要有反思的能力。反思的实质是教师能够超越具体的教育事实和教育行为,看到现象背后的本质和行为背后的原因并能够对此进行理论上的归纳和总结。幼儿园教师要善于听取来自各方面的反馈信息,在别人对自己的评价中,更好地认识自己。

最后,幼儿园教师应该对教育实践中的一些价值性的问题进行反思,例如,"我认为的学前教育是什么样子的""我采取这种行动的原因是什么""作为一名教师,我的根本职责是什么""我是否有权利这么做"等。这些问题常常关系到幼儿园教师对学前教育的整体看法,涉及幼儿园教师对学前教育的基本态度,这些都属于幼儿园教

师基本的师德范畴，并且将从根本上决定幼儿园教师教育行为的适宜性。

(五)努力做到"慎独"，通过信念感受崇高的精神境界

幼儿教师职业道德修养的最高层次就是"慎独"。"慎独"一语出自《礼记·中庸》。"慎独"用我们现代语言来表述，就是指在没有外界监督、独自一人的情况下，也能自觉遵守道德规则，不做任何对国家、社会、他人不道德的事情。显然，这既是一种崇高的道德境界，又是一种重要的职业道德修养方法。作为幼儿园教师职业道德修养的方法，"慎独"可以通过自我约束、自我监督，更好地培养、锻炼坚定的职业道德情感、意志和信念，养成良好的职业道德行为习惯；作为崇高的教师职业道德境界，"慎独"标志着一个幼儿园教师的职业道德修养已达到高度自觉的程度。尽管很难，但这也是幼儿园教师必须做到的。

▶ **学以致用**

简答题

1. 简述从国家政策和制度建设角度如何提高道德修养。

2. 简述从幼儿园教师自身提升角度如何提高道德修养。

▶ **拓展阅读**

1. 杜时忠主编：《新世纪　新师德》，武汉，湖北教育出版社，2009。

2. 傅维利主编：《教师职业道德教育指南》，北京，高等教育出版社，2009。

3. 李文治、袁林：《幼儿教师师德修养与专业发展》，北京，人民邮电出版社，2017。

▶ **基础练习**

小班的欣欣今天第一天入园，由妈妈领进幼儿园，一路哭个不停。胡老师牵过欣欣的手，蹲下来拥抱她，轻轻擦干她脸上的泪水安慰着："宝贝，快别哭！老师爱你哦！和妈妈说再见，好吗？"

早饭时，欣欣拿不稳勺子，咬一口包子后不咀嚼也不咽，吃得非常慢。喝牛奶时，她用舌头舔着喝，到早餐结束也没喝干净。于是，胡老师耐心地喂她吃早餐。离园时，胡老师跟欣欣妈妈进行交流，了解到欣欣体弱多病，家长因担心孩子吃不饱，又怕孩子弄脏衣服，所以在家中很少让欣欣自己吃饭、喝水。

从第二天开始，胡老师耐心地教欣欣正确握勺的方法，告诉她吃饭时嘴里不要含着饭玩耍，两侧牙齿要同时咀嚼，并给欣欣示范如何用水杯喝水。胡老师还为家长推荐家庭教育方面的书籍，建议家长在家里锻炼孩子自己吃饭、喝水。经过一个多月的努力，欣欣能像别的幼儿一样正常进餐，入园焦虑也逐渐消失。

问题：请结合材料，从幼儿园教师道德修养角度，评析胡老师教育行为。①

▶ **实践训练**

训练一

制订一份幼儿园教师基本功的训练计划。

训练二

设计一篇幼儿园教师"师德师风"自查报告。

训练三

进入幼儿园实习一周。

·第三单元检测题·

---

①2019 年下半年幼儿园教师资格考试(综合素质)真题，略有订正。

▶第四单元
▶幼儿园教师专业发展的基本要求与内容

▶单元导入

　　随着教育改革的深化和知识经济时代的到来，社会对幼儿园教师提出了更高的要求。所以，要想建设一支"师德高尚、业务精湛、结构合理、充满活力"的高素质、专业化幼儿园教师队伍，必须重视幼儿园教师的专业发展，提升幼儿园教师专业素养。那么，幼儿园教师作为履行幼儿园教育工作职责的专业人员，在工作中如何实现专业发展呢？本单元将从幼儿园教师专业发展的内涵出发分析幼儿园教师专业发展的基本要求。

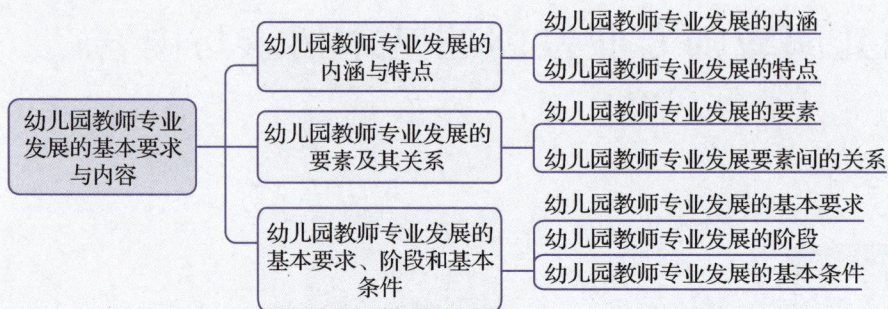

1. 了解幼儿园教师专业发展的内涵与特点。

2. 掌握幼儿园教师专业发展的要素及其关系。

3. 掌握幼儿园教师专业发展的基本要求、阶段和基本条件。

这颗牙我不补了

"潘老师，您的这颗门牙去哪儿了?"被问及这个问题时，潘浩翰，这位上海市幼儿园男教师，竟有些不好意思起来。自 1988 年从上海体育师范学校毕业至今，潘浩翰坚守幼儿体育教学一线整整 28 年。其间，他那颗门牙一共掉过三次，而每一次都发生在他教课的时候。

"趋利避害是人的本能，可是，标准的体育动作示范和对孩子安全的保护，是我的职责所在，因为——我是一名幼儿园教师。"在幼儿园工作了这么多年，潘浩翰将自己的全部感情投入其中。他专注于幼儿园体育教育的研究、实践和反思，执着于幼儿体育科学规律的探索。他要求自己示范的每一个动作都必须规范，更要求自己在保障每一个孩子安全的基础上，让孩子们在运动中得到发展、得到快乐。这是一名幼儿园教师的责任心使然。

如今，被年轻教师公认为"老大哥"并视为榜样的潘浩翰，每天依然带着孩子们在运动场上跳跃、翻滚和跑动。"潘老师，您没有门牙，跟我们好像呀!"大班的一群孩子嘻嘻哈哈地缠着潘浩翰，小猴子般攀在他的身上。"瞧瞧，我和他们一样，多好啊!"他眨眨眼，绽放出孩子般的笑容。①

---

① 《走近"1‰"——幼儿园男教师的成长故事及启示》，载《上海托幼》，2016(12)。

第一讲

幼儿园教师专业发展的内涵与特点

头脑风暴

　　说起专业化的职业，有人会想到医生、律师，恐怕很少会有人想到幼儿园教师，甚至有人会把幼儿园教师称为"保姆"或者"孩子王"。在一个"你觉得幼儿园教师是一种什么样的职业"的街头采访中，有人说"幼儿园教师，我觉得挺轻松的吧，唱唱歌或跳跳舞应该没有什么烦恼"。也有人说"就是和小朋友打交道，没有什么压力的行业"。甚至有人还会惊讶"孩子王"难道要有专业性？

　　思考：你认为幼儿园教师是一种专业化的职业吗？为什么？请说一说你的看法。

一、幼儿园教师专业发展的内涵 ●●●

　　以各种概念发展的脉络来看，教师专业化的概念是从教师群体的角度强调教师专业性的提升的；教师专业发展的概念是从教师个体的角度强调教师内在专业性的提高和发展的。教师专业发展是指教师在整个职业生涯中通过持续的教育活动，不断更新、丰富专业结构，最终实现专业自主的过程。

　　随着我国学前教育的迅速发展以及人们对高质量学前教育的迫切需求，提高教育质量、建设高素质学前教师队伍必然会成为学前教育实践中的核心问题和教育研究的焦点问题。近年来，幼儿园教师专业发展也逐渐成为学前教育研究的热点和教师队伍建设的重点。尤其是 2012 年 2 月教育部颁布《幼儿园教师专业标准（试行）》后，专业发展已成为众多幼儿园教师的专业追求。但事实上许多教师并不十分清楚什么是"幼儿园教师专业发展"，这在一定程度上制约着广大幼儿园教师的主动发展。基于教师专业发展的相关理论，我们认为幼儿园教师专业发展是指幼儿园教师从非专业人员成长为专业人员，且不断更新、提升、完善自身专业素养的过程，包括幼儿园教师专业理念、专业知识及专业能力的全面提升和优化。

二、幼儿园教师专业发展的特点 ●●●

（一）清晰的自我认识是幼儿园教师专业发展的首要条件

幼儿园教师专业发展实际上是教师客观科学地认识自我、定位自我、规划与管理自我的过程。清晰的自我认识意味着教师在专业发展过程中能清楚自我成长的起点，了解成长的目标。具有清晰的自我认识的幼儿园教师，应当把握新时代背景下幼儿教育的开放性、创新性、生态性和可持续性等特点；应当对幼儿教育、幼儿园、幼儿，尤其是自我的存在和发展有着深入的理解和认识；应当及时学习和贯彻幼儿教育的时代性文件的精神。这样一来，幼儿园教师才能在成长的过程中不断督促自己找准定位，赢得发展空间。

（二）学习共同体的支撑和引领是幼儿园教师专业发展的重要条件

学习共同体是指幼儿园教师、幼教专家和辅导者等共同构成的团体，他们之间经常在学习过程中进行沟通、交流、分享，共同完成一定的学习任务，在成员之间形成相互影响、相互促进的关系。学习共同体不仅可以帮助幼儿园教师之间彼此联结，为个体的成长提供一个寻求帮助、建立关系和信任、提供专业发展的平台；还可以利用专家的示范作用，引领和支撑教师的专业发展。在学习共同体内，教师可以通过制定共同目标、开发课程、讨论案例、修正方案等方式实现共同发展。在实际教学过程中，我们发现如果幼儿园教师能够充分利用学习共同体，能够将自身在实践中形成的思考和认识逐渐外化，通过与专家、同事交流切磋，就能获得最大限度的发展。幼儿园教师学习共同体的形式多种多样：有新手教师与成熟教师合作的师徒模式，有以课题为主线的研究小组，有围绕教育活动探究的工作坊，也有教师自发组织的具有教研氛围的以发现、探讨、解决教育教学实践问题为主的研究小组。

案例分析

案例一

班级是教师工作的团队，是幼儿园里最小的团队，可它对于每一个教师都是最重要的。遇到困难时，我们可以一起商量、出谋划策、达成共识、共渡难关。团队是我们最好的支持，从精神上鼓励你，从行动上帮助你。一个好的团队是需要大家共同构建的，每个人个性不同、理念不同，需要不断地尝试，需要不断地换位思考，需要不断地磨合。磨合本身就是一种沟通，真诚的、有建设性的沟通是团队中最重要的。[1]

案例二

有一次大班进行了以动物为主题的观摩活动，教师在开展用动物花纹装饰生活用品的集体教学活动中，精心准备了供幼儿操作的生活中常见的材料，还让幼儿欣赏动物身上有趣且形象的花纹。为了节省操作时间，教师提供了装饰难度不大的生活用品，希望幼儿能在规定时间内完成作品。但是，在观摩期间，观摩者发现幼儿没有操作尽兴，作品也不够丰富，没有很好地反映出大班幼儿应有的表现水平。针对这一现象及教师遇到的困惑，大家畅所欲言，纷纷发表自己的观点：如果在美工区开展这项活动，让幼儿自由探究，教师将创作中需提升的经验隐含在环境中，表达创作的生活材料也是班级中真实的、可供幼儿自主选择的材料，那么他们的创作与表达会更自由、自主。在交流、研讨中，教师逐步将综合教育课程的理念转化为教育行为。

分析： 在以案例学习为基本形式的幼儿园园本教研共同体上，让教师在案例学习中去剖析、去解读、去反思、去研究、去对话、去建构自己的实践知识。教育案例是有其鲜明的情境性的，在教师们所熟悉的教育情境中，分析幼儿的学习案例和教师的教学案例，能帮助教师在教育、教学实践中反复研究自己或他人的教学行为，为教师提供了一个很好的反思平台。

(三)以反思为主的发展途径是幼儿园教师专业发展的必要条件

"反思是教学理论与教学实践之间的对话，是沟通教师'所倡导的理论'与'所采用的理论'的桥梁。"[2]教师的专业发展是终身性的，需要教师持续地对教育教学实践活动进行反思和调控。反思不仅是教师的认知过程，更是教师对教育实践行为的自我调控过程。1989年，美国心理学家波斯纳提出了教师成长公式：成长＝经验＋反思。也就是说，如果一个教师仅满足于经验的获得而不对经验进行深入的思考，那么即使有多年的教学经验，也只是对一次教学的多次重复而已。新时代教师必须超越教书匠的高度，以专业人员的视角促使自己对幼儿园教育的变革，对幼儿为本的

---

①顾荣芳等：《从新手到专家——幼儿教师专业成长研究》，122页，北京，北京师范大学出版社，2007。
②张建伟：《反思——改进教师教学行为的新思路》，载《北京师范大学学报(社会科学版)》，1997(4)。

发展需求，对教师的专业发展做出创新性、开拓性的认识和实践。

▶ **学以致用**

一、单项选择题

1. 1989年，美国心理学家（　　）提出了教师的成长公式：成长＝经验＋反思。

A. 加德纳　　　　　　　　　　B. 波斯纳

C. 布鲁纳　　　　　　　　　　D. 斯金纳

2. 学习共同体是指（　　）等共同构成的团体，他们之间经常在学习过程中进行沟通、交流、分享，共同完成一定的学习任务，在成员之间形成相互影响、相互促进的关系。

A. 幼儿园教师和幼教专家

B. 幼儿园教师和辅导者

C. 幼教专家和辅导者

D. 幼儿园教师、幼教专家和辅导者

3. （　　），教育部颁布了《幼儿园教师专业标准（试行）》，使广大幼儿园教师明确了专业发展的方向。

A. 2010年3月　　　　　　　　B. 2011年4月

C. 2012年2月　　　　　　　　D. 2013年1月

4. （　　）是指教师以自我的教育教学活动为对象而进行的元认知过程。它不仅是教师的认知过程，更是教师的自我调控过程。

A. 反思　　　　　　　　　　　B. 经验

C. 教师研究小组　　　　　　　D. 师徒

二、简答题

1. 什么是幼儿园教师专业发展？

2. 幼儿园教师专业发展有哪些特点？

3. 结合幼儿园教师专业发展的相关内容，作为一名准幼儿园教师，你认为可以通过哪些途径提高自身的专业修养？

第二讲

幼儿园教师专业发展的要素及其关系

头脑风暴

有人对体现幼儿园教师专业性的能力提出了以下几点思考：

第一，什么是艺术技能？能弹、唱、画、跳就是专业吗？

第二，什么是集体教学能力？会上课，能把公开课上得很漂亮就是专业吗？

第三，环创技能较高就是专业吗？

思考：那么你认为幼儿园教师作为专业人员，其专业发展应该包含哪些内容呢？

一、幼儿园教师专业发展的要素 ●●●

幼儿园教师专业发展的要素是指幼儿园教师通过教师教育和教育实践获得的，在教育活动中体现出来并直接作用于教育过程的基本素养。幼儿园教师专业发展要素作为实践对幼儿园教师的综合要求，规定了幼儿教育专业人员应具备的条件，它以一种素养结构的形态而存在，包括专业精神、专业知识和专业能力三个方面。

（一）专业精神

教师的专业精神是由教师对教育专业所持有的理想、信念、态度、价值观和道德操守等构成的倾向性系统，是教师从事专业工作的精神动力。[①] 教师的任务是培养人，教师的工作具有长期性、复杂性、创造性和示范性的特点。因此，从幼儿园教育的专业特性分析，幼儿园教师更强调专业精神，幼儿园教师的专业精神应涵盖教育理念、专业态度和专业道德三方面的内容。

教育理念是教师在教育教学实践过程中形成的比较稳定的关于教育的理想和信

---

①参见王卓、杨建云：《教师专业素质内涵新诠释》，载《教育科学》，2004(5)。

念。它是教师个人价值观的体现，是教师教育理想的体现，是区分专业与非专业人员的重要标志，也是教师专业发展中深层次的发展和改变。幼儿园教师应树立正确的教育理念，了解幼儿的身心发展特点，养成对幼儿的科学态度与行为。

专业态度是指教师在教育实践中所表现出的对职业、保育和教育的理解、认识、态度及行为倾向。例如，爱岗敬业、关爱儿童、团结合作都是符合要求的专业态度。作为一种带有倾向性的认识或评价，专业态度可以对幼儿园教师的行为起到调控作用，影响着幼儿态度的形成。

专业道德是专业人员在专业活动中处理人际关系时应遵循的基本准则。幼儿园教师的专业道德是幼儿园教师应遵循的基本行为准则。在实践中幼儿园教师应做到为人师表、公平公正、乐观向上、勤于学习、举止文明等。这样，幼儿园教师才能妥善地处理与幼儿、家长、同事等人的关系，并为幼儿的健康成长创设良好的环境，使教育工作取得更大的成效。

(二)专业知识

作为专业人员，幼儿园教师必须具备从事专业工作所要求的相关知识。从教育实践需要的角度，幼儿园教师必备的知识可以分为三种：本体性知识、条件性知识和实践性知识。

本体性知识指教师所具有的特定学科领域的知识。教育是以"知识"为载体传道授业、促进学生身心发展的专门化活动，教师首先应掌握和具备学科领域的知识。幼儿生活经验少、好奇、好问，对周围的一切充满了探究欲，这就决定了幼儿园教师的本体性知识应具有基础性和广泛性。例如，幼儿园教师不仅要掌握一定的自然科学知识和人文社会科学知识，还要具有相应的艺术欣赏与表现知识和现代化的信息技术知识。这样，才能满足幼儿发展的需要。

条件性知识指教师所具有的教育学、心理学等教育科学知识。这类知识帮助教师解决"如何教"的问题。① 幼儿园教师应掌握学前教育理论、儿童心理发展、幼儿园教育活动设计、教育科研方法等条件性知识。然而，对条件性知识的深刻理解和掌握需要在教育实践中完成。因为，只有在实践中，教师才能将具备的条件性知识运用于教育情境，对具体问题做出判断、分析、决策，并通过不断的实践、反思优化条件性知识。因此，条件性知识往往与教师的实践性知识相联系，并在实践中运用

①参见夏惠贤：《论教师的专业发展》，载《外国教育资料》，2000(5)。

与提升。

实践性知识是个人化的、情景性的，是一种高度整合的知识，包括陈述性知识、程序性知识、教师信念和方法手段。实践性知识来自教师个人的教学实践，又致力于解决教育、教学实践中的问题。实践性知识的获得是教师专业发展的重要标准。

(三)专业能力

教师的专业能力主要指作为专业技术人员的教师，在从事教育、教学活动时能利用教育理性和教育经验，灵活地应对教育情境，做出敏捷的教育行为反应，以促进学生全面发展所必需的教育技能。[1] 幼儿园教师的专业能力可分为教育活动设计能力、教育活动实施能力、教育活动监控能力和教育活动评价能力。

教育活动设计能力是指教师充分利用各种资源与专业知识，设计符合教育目标要求的、满足幼儿发展需要的能力。教育活动实施能力是指教师根据教育活动设计方案，有效地运用各种资源和教育方法、手段，对幼儿施加教育影响的能力。教育活动监控能力是指在教育过程中，教师对各种教育要素进行监控，适时、适当地调整教育教学活动以促进幼儿的全面发展。教育活动评价能力是指按照一定的程序和标准，有目的、有计划地对教育活动进行价值判断的能力。幼儿园教师应当能正确使用测量与评价的工具，并能根据评价结果促进幼儿的发展和自我的专业发展。

二、幼儿园教师专业发展要素间的关系 ●●●

作为专业人员，幼儿园教师必须具备从事专业工作所要求的基本信念、相关知识和专业能力。而这些要素正是幼儿园教师专业发展的基本内容，它们之间是相互联系的，从不同的角度反映着幼儿园教师专业发展。

第一，专业精神不仅影响教师的教学行为，而且对教师自身的学习和成长也有重大影响。作为分析教师专业发展的一个维度，教师的专业精神反映的是教师对职业、幼儿教育、幼儿、教育教学的基本看法和态度。专业精神形成后，在一段时间内相对稳定，并作为一种内在结构要素深刻影响着教师的专业发展。专业精神在教师专业要素结构中位于较高层次，统摄并影响教师专业结构的其他方面。因此，教

---

[1] 参见郝林晓、折延东：《教师专业能力结构及其成长模式探析》，载《教育理论与实践》，2004(7)。

师专业精神的改变是一种深层次的改变和发展。

第二，教师专业知识结构的完善化和多样化是教师维持正常教学和促进自我专业发展的前提。幼儿园教师作为专业人员，必须具备完善的知识体系。

第三，专业能力也是幼儿园教师专业结构中的一个重要因素。它是教师将专业理想和信念践行到实践中的保障系统，是引导幼儿园教师关注自我专业发展的核心动力，是促进教师制订自我专业发展规划，增强专业发展的自觉性，将内部发展需要和外部发展条件有机结合的动力系统和能力保障系统。

第四，幼儿园教师专业发展的各要素不是孤立的，它们之间是相互联系并存在交互作用的，这些要素终究要在幼儿园教师身上统一。教师所具有的专业特质并非内在专业结构诸方面的简单相加，其专业特质应是专业结构处于流变、革新之中的；教师专业总是面临新的挑战，其整个专业活动之中充满了创造性。[①]

▶ **学以致用**

一、单项选择题

1. 幼儿园教师专业发展要素作为实践对幼儿园教师的综合要求，规定了学前教育专业人员应具备的条件，它以一种素养结构的形态而存在，包括（　　　）。

A. 专业能力　　　　B. 专业精神　　　　C. 专业知识　　　　D. 以上都是

2. 幼儿园教师专业精神中，（　　　）是教师个人价值观的体现，是教师教育理想的体现，是区分专业与非专业人员的重要标志，也是教师专业发展中深层次的发展和改变。

A. 教育理念　　　　B. 专业态度　　　　C. 专业道德　　　　D. 以上都不是

3. （　　　）对幼儿园教师的专业行为具有调控作用，且在很大程度上影响着幼儿态度的形成。

A. 教育理念　　　　　　　　　　B. 专业态度

C. 专业道德　　　　　　　　　　D. 以上都不是

4. （　　　）是专业人员在专业活动中处理人际关系时应遵循的基本准则。

A. 教育理念　　　　　　　　　　B. 专业态度

C. 专业道德　　　　　　　　　　D. 以上都是

---

① 参见叶澜、白益民、王枬等：《教师角色与教师发展新探》，241页，北京，教育科学出版社，2001。

5. 教师首先应掌握和具备学科领域性的知识，即本体性知识。幼儿园教师的本体性知识应具有（　　）特点。

A. 基础性和深刻性
B. 广泛性和深刻性

C. 灵活性和多样性
D. 基础性和广泛性

6. 帮助教师解决"如何教"的问题的知识是（　　）。

A. 本体性知识
B. 条件性知识

C. 实践性知识
D. 以上都是

7.（　　）具有个人化、情景性和高度整合的特点。

A. 本体性知识
B. 条件性知识

C. 实践性知识
D. 以上都不是

8. 按照一定程序和标准，有目的、有计划地对教育活动进行价值判断的能力是（　　）。

A. 教育活动设计能力
B. 教育活动实施能力

C. 教育活动监控能力
D. 教育活动评价能力

二、简答题

1. 什么是幼儿园教师专业发展的要素？幼儿园教师专业发展的要素都有哪些？

2. 什么是教师的专业精神？幼儿园教师的专业精神有哪些？

3. 幼教实践要求幼儿园教师具备哪些专业知识？

4. 什么是教师的专业能力？幼儿园教师的专业能力包括哪些？

5. 简述幼儿园教师专业发展要素间的关系。

三、分析题

小明在滑梯上突然被小朋友从后面推了一下，飞快地滑了下来，吓得大哭起来。A老师马上找到闯祸的小朋友，批评了他，并安慰小明；B老师则立即去察看小明是否受伤，没有立刻制止他哭，而是让他把内心的恐惧发泄出来。

问题：1. 以上两位老师的做法哪个更合适？为什么？

2. 从幼儿园教师专业发展要素的角度，评价两位老师的做法。

第三讲

幼儿园教师专业发展的基本要求、阶段和基本条件

头脑风暴

　　你认为幼儿园教师是做什么的呢？针对这个问题，在一次随机街头采访中，大多数人能答出一二，但很少有人能说出这个职业真正的专业性。许多人认为幼儿园教师就是照顾孩子的日常生活，陪孩子做游戏，然后再教一些粗浅的知识和简单的技能；只要性格温和、有责任心就能当好一名幼儿园教师。所以，幼儿园教师不需要太高的专业素养。

　　思考：你是否同意这种说法？你认为幼儿园教师作为专业人员应该具备什么样的专业素养？

　　幼儿园教师是履行幼儿园教育工作职责的专业人员，需要经过严格的培养与培训，具有良好的职业道德，掌握系统的专业知识和专业技能。幼儿园教师的专业性要求，归根结底是由其教育对象的身心发展特点和规律决定的。幼儿园教师专业发展的程度决定其行为的教育价值和对幼儿的发展价值。因此，幼儿园教师作为专业人员必须明确自己所处的专业发展阶段，并在不同的发展时期制定不同的发展目标。幼儿园教师专业发展阶段理论，对幼儿园教师的专业发展具有重要意义，它指明了幼儿园教师专业发展的历程和路径，帮助幼儿园教师明确自己在专业发展过程中要经历的步骤，更有助于幼儿园教师根据发展阶段制定自身发展的目标。

一、幼儿园教师专业发展的基本要求 ●●●

　　为贯彻落实《国家中长期教育改革和发展规划纲要（2010—2020年）》关于教师队伍建设的基本要求，教育部于2012年2月10日颁布了《幼儿园教师专业标准（试行）》（以下简称《专业标准》）。《专业标准》是国家对合格幼儿园教师专业素质的基本要求，是幼儿园教师开展保教活动的基本规范，是引领幼儿园教师专业发展的基本准则。《专业标准》是国家第一次以文件的形式明确规定了合格幼儿园教师应具备的

专业条件，是基于我国幼儿园教师专业发展的实际情况与新时代高质量幼儿园教育的实践诉求而提出来的。这份文件不但表达了国家对合格幼儿园教师的基本要求，提出了幼儿园教师在师德、知识与能力方面的基本要求，它的出台也标志着学前教师教育开始进入标准化的发展进程。

（一）基本理念

随着"以人为本"的科学发展观日益深入人心，基础教育的观念和实践与时俱进地发生着重大而深刻的变化，幼儿教育正向着更加人本化、规范化、专业化的方向发展，幼儿园教师的基本理念也随着时代的发展而不断更新。幼儿园教师面对社会需求日益高质化的形势，不能没有正确价值理念的指引。《专业标准》提出的"师德为先""幼儿为本""能力为重""终身学习"，反映了新形势下幼儿园教师专业发展的丰富内涵和基本要求。这些基本理念既是国家对合格幼儿园教师专业发展方向的宏观性指引，也是幼儿园教师理解并践行《专业标准》、实现专业发展所必备的观念性基石。

1. 师德为先

师德，即教师的职业道德，是教师在教育教学工作中必须遵循的行为准则和道德规范的总和，是社会主义核心价值体系在教育实践中的具体体现。幼儿园教师的教育对象是身心发展迅速、可塑性强的幼儿。师德是幼儿园教师最基本、最重要的职业规范，每一位教师都必须秉持"师德为先"的理念。《专业标准》要求幼儿园教师"热爱学前教育事业，具有职业理想，践行社会主义核心价值体系，履行教师职业道德规范，依法执教。关爱幼儿，尊重幼儿人格，富有爱心、责任心、耐心和细心；为人师表，教书育人，自尊自律，做幼儿健康成长的启蒙者和引路人"。其中，"热爱学前教育事业，具有职业理想，践行社会主义核心价值体系，履行教师职业道德规范，依法执教"是幼儿园教师道德的核心；"关爱幼儿，尊重幼儿人格，富有爱心、责任心、耐心和细心"是幼儿园教师道德的重要内容；作为"幼儿健康成长的启蒙者和引路人"的幼儿园教师必须为人师表，教书育人，自尊自律，这是《专业标准》对幼儿园教师的角色要求。[①]

2. 幼儿为本

《专业标准》对"幼儿为本"理念的具体表述是："尊重幼儿权益，以幼儿为主体，充分调动和发挥幼儿的主动性；遵循幼儿身心发展特点和保教活动规律，提供适合的教育，保障幼儿快乐健康成长。"可以说，尊重幼儿的权益和发展规律，满足幼儿的需要，维

---

① 参见李季湄、夏如波：《〈幼儿园教师专业标准〉的基本理念》，载《学前教育研究》，2012(8)。

护幼儿的权利，保障每一个幼儿快乐、健康地成长，乃是"幼儿为本"的核心内涵。另外，"幼儿为本"的理念启示教师要自觉地不断提升自己对幼儿的理解与认识，不断更新教育观念以满足幼儿发展的需求。践行"幼儿为本"的理念应遵从以下行为准则。

(1)尊重幼儿作为人的尊严与权利

尊重幼儿作为人的尊严与权利体现在两个方面：一方面，幼儿是自身权利的主体；另一方面，幼儿具有主观能动性，是学习的主体。首先，幼儿是自身权利的主体，是指幼儿享有作为人的一切基本权益。幼儿园教师应该把幼儿看作与自己平等的、具有独立人格的社会成员，承认、尊重并保护其作为人的生存权、发展权等。但近年来，社会上出现的幼儿园教师虐童事件，是教师职业道德底线与职业职责的双重失守，践踏了幼儿作为人的基本权利，也有悖《中华人民共和国未成年人保护法》的基本精神。其次，幼儿是学习的主体，是指幼儿在教育活动中具有主观能动性和自我教育的可能性，幼儿的学习和发展是幼儿主动建构的过程。所以，幼儿园教师在对幼儿进行教育时，应该尊重幼儿的年龄特点和兴趣，绝不能把自己的意愿强加给幼儿。

(2)遵循幼儿身心发展规律

幼儿是处于发展中的人，身心发展尚未成熟，蕴藏着巨大的发展潜力，具有极强的可塑性。在教育过程中，一方面，幼儿园教师不能把幼儿当成"小大人"，用成人的标准要求幼儿，应尊重幼儿独特的认知方式和年龄特点，呵护、关心、照顾幼儿；另一方面，幼儿期是一个人生理和心理迅速发展的时期，蕴藏着极大的潜能。幼儿园教师要用发展的眼光看待幼儿，为幼儿创造适宜的环境，提供丰富的材料，让幼儿获得主动发展的机会。

(3)促进幼儿的全面发展

幼儿是完整的个体，机体的各个部分相互联系、不可分割，其生理的发展和心理的发展是相互影响、相互制约的。所以，幼儿的身心需要得到全面的发展，在幼儿教育过程中，幼儿园教师必须高度重视幼儿的身体、认知、情感等方面的发展，不可割裂地看待幼儿的发展，任意偏废某方面的发展。幼儿作为发展中的人，身心的各种潜质都有获得发展的需要，而且作为社会主义的接班人也应得到全面发展。幼儿园应当为幼儿的全面发展创造条件。但在幼儿教育的实践过程中，有时受社会的影响，或者为了迎合家长的不合理需求，部分幼儿园往往会强调幼儿智育的发展，尤其是在大班提前教授小学的知识，出现幼儿园教育小学化的倾向，不利于激发幼儿学习的兴趣，也影响幼儿的健康发展。所以，幼儿园的教育要以幼儿的年龄特点为基础，选择适宜的教育内容，以促进幼儿的全面协调发展。

3. 能力为重

能力为重是成为《专业标准》的基本理念之一，是社会发展、教育改革对教师的必然要求，也是幼儿园教师专业发展的必然要求。《专业标准》指出幼儿园教师应"把学前教育理论与保教实践相结合，突出保教实践能力；研究幼儿，遵循幼儿成长规律，提升保教工作专业化水平；坚持实践、反思、再实践、再反思，不断提高专业能力"。其中，反思不仅是教师具备的基本素养，还是教师实现自我专业发展的必然要求。

4. 终身学习

《专业标准》的"终身学习"理念指出，幼儿园教师应持续"学习先进学前教育理论，了解国内外学前教育改革与发展的经验和做法；优化知识结构，提高文化素养；具有终身学习与持续发展的意识和能力，做终身学习的典范"。德国著名教育家第斯多惠说过："只有当你不断致力于自我教育的时候，你才能教育别人。"终身学习的理念正是由幼儿园教师职业特点决定的，幼儿园教师的主要任务是为幼儿的终身发展奠定基础。终身学习的理念适应教育改革与发展的趋势，也适应教师需要不断学习的职业特点和发展需求。教师知识素养与能力素养的完善与更新，都需要教师树立终身学习的理念和付诸实际行动。这样教师才能不断拓宽知识视野，优化知识结构，不断用新理念、新方法指导自己的教育教学活动，才能持续提升自身的专业能力。

所以，首先，幼儿园教师应树立专业发展的意识，重视终身学习的时代性意义和自我发展的价值；其次，幼儿园教师应具有终身学习和持续发展的能力，结合自身的专业实践，不断地提升终身学习的能力，争取成为终身学习者和学习型社会的促进者。

(二)幼儿园教师专业发展的基本内容与要求

《专业标准》的基本内容构架包含了专业理念与师德、专业知识和专业能力，即三个维度、十四个领域、六十二条基本要求。

1. 专业理念与师德

专业理念是教师对教师职业的认识和信念。专业理念作为教师素养的核心组成部分，是推动教师专业发展的巨大动力，影响着教师的教学行为及幼儿的发展。具有崇高专业理想的教师会对教学工作产生强烈的认同感和投入感，对教学工作充满激情和期待。早在 1997 年我国著名学者林崇德等人的研究就指出教师观念在教师专业素质中具有核心地位。实施素质教育的关键在于教师教育观念的提高，因此教育改革要想提高教育质量应以改变教师的观念为重。可见，幼儿园教师树立崇高的专业理念，对幼儿教育质量的提高及现代幼儿教育的发展具有不可忽视的作用。概括起来，幼儿园教师要树立正确的职业观、儿童观和教育观。

《专业标准》把教师专业理念与师德放在首位，突出了"师德为先"的基本理念，强调了教师在教育活动中必须要遵守的行为准则与道德规范。其中，专业理念是指幼儿园教师对自身专业的理解、判断与期待，是幼儿园教师专业发展的动力。《专业标准》将专业理念与师德分为四个领域：职业理解与认识、对幼儿的态度与行为、幼儿保育和教育的态度与行为、个人修养与行为。这四个领域主要涉及幼儿园教师的教育观、儿童观、保教观以及职业观和自身修养等内容，具体分析如下。

（1）职业理解与认识

职业理解与认识领域是幼儿园教师对自己职业的理解和认识，拥有正确的职业理解与认识是从事这一职业的前提。此领域主要包括幼儿园教师对国家方针政策和法律法规的理解、对学前教育事业的了解、对幼儿园教师这一职业的认同以及团队合作和职业道德修养等内容。其中，幼儿园教师要认同自身职业的专业性和独特性，注重自身的专业发展，只有认识到自身的专业性，才能产生专业认同，才会自觉提高自身的专业水平。

相关链接

自 2012 年起，教育部将每年的 5 月 20 日—6 月 20 日定为"全国学前教育宣传月"，旨在推进我国学前教育科学发展，营造有利于幼儿健康成长的良好社会环境。

（2）对幼儿的态度与行为

幼儿园教师作为幼儿教育的具体执行者，其专业素质直接决定了幼儿教育的质量。幼儿园教师应认同自身职业的专业性和独特性，具有良好的职业道德修养，为人师表，具有团队合作精神，注重自身专业发展。幼儿园教师只有充分意识到自己所担负的幼儿教育的责任，充分理解幼儿教育所具有的基础性、启蒙性和未来性，才会增加对幼儿教育事业的情感投入，对工作才会倾注满腔的爱和热情，尽力把工作做好。

　　幼儿园教师的工作对象是身心尚未发育成熟的幼儿，幼儿园教师以什么样的态度看待幼儿，决定着幼儿园教师的教育行为。"关爱学生"应成为师德的灵魂，没有爱就没有教育，这是每个教师应树立的教育信念。《专业标准》指出，幼儿园教师应该"关爱幼儿，重视幼儿身心健康，将保护幼儿生命安全放在首位"；"尊重幼儿人格，维护幼儿合法权益"；"重视生活对幼儿健康成长的重要价值，积极创造条件，让幼儿拥有快乐的幼儿园生活"。其中"关爱幼儿，重视幼儿身心健康，将保护幼儿生命安全放在首位"这一要求是幼儿园教师专业性的具体体现。幼儿园教师必须将保护幼儿的安全放在首位，对幼儿进行悉心照料。反过来，保护幼儿生命安全不等于为了幼儿生命安全而过度限制和保护幼儿，剥夺幼儿发展的权利。所以，如何保护幼儿生命安全是体现幼儿园教师专业性的重要方面。

相关链接

　　当孩子表现出一种不合常规的行为时，没有师德的非专业人士或许会认为孩子是在破坏捣乱，而向孩子发火；有师德但非专业的教师，或许会意识到应该忍住自己的火气；但是专业的教师并不会有火气，因为他们懂得孩子的心理，理解孩子的行为，认为孩子的大部分行为不是破坏和捣乱，而是一种探究行为，或许是认知和行为能力有限所致，从而给予理解、宽容和引导。可见，对儿童的认识决定了教师的教育行为。

　　(3) 幼儿保育和教育的态度与行为

　　《专业标准》从幼儿园保教活动的特点出发，对幼儿园教师保教活动的原则、方法手段、内容等方面做出了规定。合格的幼儿园教师要注重保教结合；注重保护幼儿的好奇心、想象力，重视环境和游戏对幼儿发展的独特作用；重视幼儿直接经验的获得和游戏、探索等实践活动对幼儿发展的价值。其中，保教结合是幼儿园工作的显著特点，即在生活中将游戏、探索等实践活动作为幼儿获得知识的主要来源。

　　(4) 个人修养与行为

　　《专业标准》从幼儿教育的工作特点出发，要求幼儿园教师要具备良好的个性、健康的心理状态、勤于学习、乐于进取的品质以及规范的言谈举止。健康的心理状态是做好幼儿教育工作的重要保证。幼儿活泼好动、精力充沛，幼儿园教师需要良好的心理素质。幼儿园教师心理健康、精力充沛、工作效率高，能给幼儿带来更多的活动和快乐；如果幼儿园教师心理素质差、精神状态欠佳、情绪低落，容易造成班级气氛压抑，影响幼儿的心理健康。幼儿园教师的心理素质影响幼儿性格的形成。《专业标准》强调幼儿园教师要富有爱心、责任心、耐心和细心；乐观向上、热情开朗，有亲和力；善于自我调节情绪，保持平和心态；勤于学习，不断进取；衣着整洁得体，语言规范健康，举止文明礼貌。幼儿园教师只有具有健康的心理素质、积极乐观的情绪情感，才能感染幼儿，促进幼儿心理健康发展。幼儿园教师必须加强身心修养，在幼儿面前展现更多的人格魅力和积极向上的情感，以获得幼儿的信赖和喜爱，才能胜任幼儿园的日常工作，才能体现出专业理念与师德。

2. 专业知识

知识是教师从事教育教学活动所必需的智力资源。教师知识结构是否合理直接决定着教师是否具有专业水准。幼儿教育是一项艰巨而复杂的工作，作为专业人员，幼儿园教师必须具备从事专业工作所需要的基本知识，才能担负起培养幼儿的重任。对幼儿园教师来说，专业知识具体应包括幼儿发展知识、幼儿保育和教育知识以及通识性知识。

(1)幼儿发展知识

幼儿园教师要掌握幼儿发展规律和特点，理解幼儿学习方式的独特性以及身心发展的特殊需要。幼儿园教师只有了解了教育对象的特点，才能在实践中有针对性地设计活动方案，进行适合幼儿的教育。《专业标准》指出幼儿园教师应了解有关幼儿生存、发展和保护的有关法律法规及政策；掌握幼儿身心发展的年龄特点、规律，有特殊需要幼儿的身心发展特点和教育策略与方法。例如，有的孩子在洗手时变着花样用手去戳出水口，或用手去堵水龙头，使水花四溅，非专业人员会严厉呵斥孩子，但专业人员会发现孩子的探索动机，保护孩子的好奇心，进而以此为契机引导孩子的发展。

(2)幼儿保育和教育知识

保育和教育是幼儿园的两大任务，幼儿园教师应掌握对幼儿实施保育和教育的有关知识和基本方法。例如，幼儿园教师熟悉幼儿园的教育目标、任务、内容和基本原则；掌握幼儿园环境创设、一日生活安排、游戏与教育活动等知识与方法；熟知幼儿园的安全应急预案，掌握意外事故和危险情况下幼儿安全防护与救助的基本方法等。

（3）通识性知识

通识性知识指教师要具有一定的自然科学和人文社会科学知识。幼儿园教师担负促进幼儿全面发展的任务，幼儿教育的内容涉及健康、语言、社会、科学、艺术五大领域。幼儿园教师要掌握幼儿园各领域教育的特点与基本知识，具有相应的艺术欣赏与表现知识，具有一定的现代信息技术知识。另外，幼儿园教师还应具有终身学习的意识，通过专业学习不断丰富自己的知识结构，与时俱进地保持教学的先进性，才能满足幼儿不断发展的需求。

案例分析

甜甜老师入职的第一天，班里的一位小朋友拿着一本图画书跑到她面前问："老师，你知道这是哪个国家的国旗吗？"甜甜老师看了一眼，除了几个常见国家的国旗，剩下的都不认识。甜甜老师一下蒙了，一时不知该如何回答，气氛一下子就尴尬了。事后，甜甜老师深刻感悟到成为一名合格的幼儿园教师，前方还有很长的路要走……

分析：结合《幼儿园教师专业标准（试行）》，请分析甜甜老师为什么认为成为一名合格的幼儿园教师，前方还有很长的路要走。

3. 专业能力

专业能力是幼儿园教师专业结构的重要组成部分，是幼儿园教师专业性的直接体现，它是将幼儿园教师静态性的知识转化为教育实践活动的保证，是促进、支持幼儿发展的重要条件。幼儿园教师的职业性质及多重角色期待决定了幼儿园教师必须具备多元的职业能力结构。总之，幼儿园教师需要一个涉及教育学、心理学、生理学、社会学等方面的能力结构。《专业标准》中关于幼儿园教师的专业能力概括为七个领域、二十七条具体要求，充分体现了"能力为重"的理念。

（1）环境的创设与利用

教育家陈鹤琴提出"大自然、大社会都是活教材"，他倡导孩子应在与材料的互动中获得相关经验。《幼儿园教育指导纲要（试行）》中也指出："环境是重要的教育资源，应通过环境的创设和利用，有效地促进幼儿的发展。"幼儿园的教育具有潜在性，环境是隐形课程，是幼儿园重要的教育资源，幼儿可以通过周围的环境进行主动

区域环境创设中自然材料的运用

活动。所以，幼儿园教师应重视创设适合幼儿身心发展特点的环境。《专业标准》也提出，要"合理利用资源，为幼儿提供和制作合适的玩教具和学习材料，引发和支持幼儿的主动活动"。这就要求幼儿园教师具有良好的环境创设能力。环境的创设与利用主要指幼儿园班级环境，包括物质环境和精神环境。

（2）一日生活的组织与保育

幼儿园一日生活包括入园、盥洗、进餐、喝水、自由活动、如厕、午睡、离园。《专业标准》从幼儿一日生活的各个环节的安排与照料、随机教育、常见事故处理等方面对幼儿园教师做出了具体要求。其中，第四十条"合理安排和组织一日生活的各个环节，将教育灵活地渗透到一日生活中"和第四十一条"科学照料幼儿日常生活，指导和协助保育员做好班级常规保育和卫生工作"，直接体现了幼儿园教师一日生活的组织能力。另外，第四十二条"充分利用各种教育契机，对幼儿进行随机教育"对幼儿园教师提出了较高的要求。此外，幼儿园教师还要能及时处理幼儿的常见事故，危险情况优先救护幼儿。

（3）游戏活动的支持与引导

游戏是幼儿园的基本活动，是幼儿的主要学习方式。《专业标准》对幼儿园教师支持与引导幼儿游戏的能力提出了四项具体的要求。其中，第四十六条"鼓励幼儿自主选择游戏内容、伙伴和材料，支持幼儿主动地、创造性地开展游戏，充分体验游戏的快乐和满足"，反映了幼儿园教师在实践过程中必须秉承"幼儿为本"的理念，坚持"幼儿为主"的游戏观。游戏是对幼儿进行全面发展的重要形式，因此幼儿园教师如何指导幼儿游戏就显得尤为重要。首先，幼儿园教师要给予幼儿自主选择游戏材料、内容、玩伴的权利，只有这样才能让幼儿在游戏中得到快乐与发展。其次，幼儿园教师要思考以什么样的方式介入幼儿游戏，促进幼儿游戏向高一级水平发展。例如，幼儿钻进纸箱做的火车头里面，想玩开火车的游戏，但就是没有"旅客"，游戏无法进行，幼儿园教师扮作"旅客"加入游戏，并告诉幼儿自己要到游乐园去，问幼儿找谁买票，该幼儿赶紧找来伙伴，扮作售票员，一同玩了起来。幼儿感觉玩得很快乐时，幼儿园教师就自然地退出游戏。

（4）教育活动的计划与实施

幼儿园的教育活动是指教师以多种形式，有目的、有计划地引导幼儿主动活动的教育过程。组织教育活动的能力是指幼儿园教师为实现教育目标，在开展各种教育教学活动过程中表现出来的能力倾向。为提高自身组织教育活动的能力，幼儿园教师应在教学实践中不断学习和掌握新的教学理论，加强与经验丰富的教师之间的沟通交流，培养研究的意识和习惯。教育活动计划与实施的能力是幼儿园教师的核心能力之一。《专业标准》要求幼儿园教师具有制订教学计划和活动方案的能力、观察能力、组织引导幼儿主动学习的能力。其中，第四十九条"在教育活动中观察幼儿，根据幼儿的表现和需要，调整活动，给予适宜的指导"，体现了幼儿园教师的观察能力和教育监控能力，是幼儿园教师专业能力的核心，也是幼儿园教师专业发展的重要方面。

案例分析

在一次小班"认识橘子"的活动中，李老师精心设计，准备了实物橘子，然后让小朋友通过摸、闻、尝、看、猜的方式全面认识橘子。课后，老师又带领小朋友展开了做水果沙拉，逛市场，做水果拓印画、拼贴画等丰富多彩的活动。

分析：李老师采用了哪种方式进行"认识橘子"的教学活动？结合案例，谈谈幼儿园老师应具备哪些专业素养。

(5)激励与评价

激励与评价对幼儿的积极主动学习和良好发展具有重要的意义。掌握以激励为基本导向、以观察为主要手段、以改进教育实践为主要目的的评价能力，是对幼儿园教师的基本专业要求。

评价是幼儿园教师在教育实践过程中运用专业知识对幼儿的发展、自身教育实践进行分析、判断、研究及调控的过程，是幼儿园教师专业发展的重要途径。《专业标准》对幼儿园教师提出了三个方面的基本要求：关注幼儿日常表现、掌握多种评价方法、科学运用评价结果。这三条基本要求引导幼儿园教师树立正确的儿童观、评价观，掌握科学的评价方法促进幼儿的全面发展。

(6)沟通与合作

沟通是人与人之间思想、感情的传递和反馈的过程。沟通的方式有言语沟通和非言语沟通。幼儿园教师与幼儿、同事、家长、社区的沟通合作能力是幼儿园教师的基本功。合格的幼儿园教师要善于与幼儿、同事、家长、社区进行沟通合作。《专业标准》对幼儿园教师提出了五项具体要求，涉及幼儿园教师与幼儿、同事、家长、社区这四个方面。

①幼儿园教师与幼儿的沟通

幼儿园教师与幼儿的沟通方式有言语沟通和非言语沟通。

首先，幼儿园教师与幼儿的言语沟通，通常是以谈话的方式展开的，幼儿园教师应挖掘幼儿感兴趣的话题，注意谈话的策略，将幼儿引入交谈主题之中，鼓励幼儿大胆表达自己的想法和意见。幼儿在表达自己的感受和体验时，幼儿园教师要表现出极大的热情和耐心，注意倾听并给予鼓励。

其次，幼儿园教师与幼儿的非言语沟通，主要是通过肢体语言进行的。例如，微笑、点头等是幼儿园教师向幼儿表达情感的方式。这种方式比言语更容易表达幼儿园教师对幼儿的关心、爱护和肯定，符合幼儿的心理需要。幼儿园教师若是蹲下来倾听幼儿讲话，能让幼儿感受到更多的尊重。幼儿园教师如果像母亲一样对孩子内心充满爱，以鼓励、肯定、引导为主，幼儿自然能感受到教师内心流淌的爱。

②幼儿园教师与家长的沟通

在家园关系中，沟通是前提，合作是基础，共育是目标。幼儿园教师与家长进行有效沟通，是协调各种教育因素，形成教育合力的重要保证。在与家长沟通时，首先，幼儿园教师要本着尊重家长、关心幼儿发展的目的。这需要幼儿园教师在日常教育工作中不仅要照顾全体幼儿，而且还要关注个体差异，注意积累信息，在与家长沟通时能为其提供详细、真实的信息，这样幼儿园教师才能赢得家长的信任和尊重，为家园合作奠定基础。其次，幼儿园教师还要了解家长的育儿观念，理解家长的需求，在此基础上灵活运用沟通技巧。最后，幼儿园教师要通过多种方式实现与家长的沟通。例如，认真组织家长参加家长会，定期进行电话沟通、短信交流，采用家园联系手册进行交流，必要时可以进行家访，等等。

③幼儿园教师之间的沟通

幼儿园教师在日常教育过程中除了与幼儿及家长进行沟通，还要协调好同事关系，共同做好幼儿教育工作。为了保证教师之间的密切配合，首先，幼儿园教师要提高自身修养，履行幼儿园教师职业道德规范，增强使命感，充分发挥个人的积极性和创造性。其次，幼儿园教师之间必须相互尊重、信任，密切配合、交流，分享经验、资源，搞好团结、协作，获得共同发展。

（7）反思与发展

反思是幼儿园教师在实践过程中对教育教学问题进行分析、思考、判断和不断调控改进的过程，是幼儿园教师综合地、灵活地运用幼儿教育的规律和原则创造性解决教育实践中出现的问题的能力，是幼儿园教师提高自身专业水平实现专业发展的有效途径。《专业标准》对幼儿园教师的反思与发展能力提出了三项具体要求，包括幼儿园教师要主动搜集信息、探索和研究、制订专业发展规划等。

幼儿园教师不同于专业的研究人员，以反思为主的研究步骤一般分为：发现问题，幼儿园教师要有敏感的问题意识，能运用教育理论思考教育实践中的问题；制订问题解决的方案；实施方案直到问题解决。幼儿园教师在实践中主动反思、成为研究者，能更快地促进自身专业的发展。

一专多能：幼师最显著的职业特点

真题再现

1. 下周一要开展手工活动，张老师要求家长给幼儿准备废旧材料。周一那天，只有苗苗没带材料来，张老师就没有让她参加活动。苗苗站在一旁，看同伴活动，情绪很低落，一天都很少说话。回家后，苗苗冲爸爸大发脾气……

问题：(1)你认为张老师的做法适宜吗？为什么？

(2)你觉得张老师应该怎样做？

——2013 年下半年幼儿园教师资格考试(幼儿保教知识与能力)真题

2. 操场上新安装了一个投篮架。幼儿经常在这里玩投篮游戏。一天，几个幼儿带着笔刷和水桶来到这里，他们先是快乐地粉刷投篮架，之后开始往篮筐里灌水……相互配合，反反复复，忙得不亦乐乎。

问题：是否应支持幼儿的这些行为？请说明理由。

——2017 年下半年幼儿园教师资格考试(保教知识与能力)真题

二、幼儿园教师专业发展的阶段 ●●●

从纵向的角度来看，教师专业发展要素在不同时期的表现及特点，勾勒出教师的专业发展轨迹。(图 4-1)教师处于不同的发展阶段会表现出不同的特点、发展目标和发展重点。对于教师专业发展的阶段划分，不同的学者提出了不同的看法。

(一)职业生涯阶段论

职业生涯阶段论以人的自然生命过程变化与周期为标准。20 世纪 60 年代，学界对教师职业生涯的研究还寥寥无几。20 世纪 70 年代以后，美国、英国、法国、澳大利亚等国对教师职业生涯的研究逐渐增多。其中，比较具有特色的是费勒斯的研究，他把教师的职业周期放在个人环境和组织环境中考察，提出了一种动态的职业周期模式。以此为基础，费勒斯把教师职业周期划分为八个阶段。第一个阶段是职前阶段，也就是处于师范院校的初始阶段，是教师的特定角色准备期。第二个阶段是入职阶段的新手期，是教师入职的最初几年。在这一阶段教师要先学会教学日常工作，并努力得到同事、学生的认可。第三阶段是能力形成阶段。这一阶段的教师要主动接受新观念，主动参与培训交流，并通过新的方式促进自我提升，逐渐形成自己的特色。第四阶段是教师高职业满意度发展阶段。处于该阶段的教师，具有较高的专业能力水平，对职业有较高的满意度。第五阶段是教师的职业受挫期，教师职业满意度下降。第六阶段是稳定阶段和停滞期，教师仅满足于做到教师的基本要求，不再追求成长。第七阶段是职业泄劲阶段，这一阶段展现了教师离开教学岗位前的状态。对某些教师来说，这可能是一个较为愉悦的时期，因为他们曾有过辉煌的教学成绩并在心中留下美好回忆；对另一部分教师来说，这也可能是一个较为苦涩的时期，因为他们是被迫离职或迫不及待地想离开教学岗位。[①] 最后一个阶段是职业退出阶段。

(二)教师社会化发展阶段论

教师社会化发展阶段论是从教师作为社会人的角度，关注教师在专业发展过程中个人的需要、能力等与外部环境的相互关系。王秋绒把教师专业发展阶段分为师范生、实习教师和合格教师三个阶段。第一阶段为师范生专业社会化时期，这一阶段的主要特点是学生进入师范院校，逐渐适应学校环境的关键时期。这一阶段师范生的主要任务是学习专业知识，提高专业能力。第二阶段为实习教师专业社会化时期。这一阶段的教师通过实习工作体会到教师的快乐，但也会面临工作中的冲突和问题。第三阶段为合格教师的专业社会化时期。这一时期的教师在实习期的基础上，获得了教学工作的胜任感和成就感，但在工作多年后，可能会逐渐产生倦怠感，失去工作热情和动力。

(三)幼儿园教师自我专业发展的阶段论

幼儿园教师作为专业人员，其专业发展要经历由不成熟到相对成熟的发展过程，实现新手教师向适应型教师再向专家型教师的转化。幼儿园教师的专业发展具有阶段性的特点。幼儿园教师在不同阶段会面临不同的发展问题，解决不同的发展难题。纵观已有的文献，比较有影响力的是美国学者凯兹关于学前教师的专业发展研究。

---

① 参见叶澜、白益民、王棚等：《教师角色与教师发展新探》，244～246 页，北京，教育科学出版社，2001。

凯兹在问卷与访谈研究的基础上，将学前教师的专业发展分为四个阶段：生存阶段、巩固阶段、更新阶段和成熟阶段。

1. 生存阶段

生存阶段是指教师入职后的一两年对所从事职业的生存适应阶段，是教师专业发展的关键期。无论是从人生发展还是专业发展的角度来看，这一阶段的教师面临一个全新的阶段，角色改变和环境骤变将会使他们面临诸多的问题。其中，最核心的问题便是如何获得专业活动的生存技能以及如何在陌生的环境中生存。

相关链接

1. 何谓"初任幼儿园教师"

"初任幼儿园教师"又称"新幼儿园教师"，是指完成职前师范教育，具备幼儿园教师资格，在幼儿园从事教学工作1～3年的教师，这些教师所从事的工作和所担负的责任同有经验的教师并无区别，但缺乏实践经验。

幼儿园教师刚入职的前三年又被称为入职期，是教师职业选择、完成角色转换、产生教学效能感的关键期。

2. "初任幼儿园教师"常出现的问题

不会做家长工作，怕出现安全问题，不会带班，人际关系处理不好，组织不好幼儿的活动，教师角色转换不适应等。这些问题会使"初任幼儿园教师"产生紧张、焦虑情绪，教师离职率较高。

3. "初任幼儿园教师"的学习途径

积极参加园本教研；积极参加在职学历教育；网络学习，沟通信息；主动向专家、骨干教师学习；积极参加课题研究。[①]

---

2. 巩固阶段

经过第一阶段的磨炼和周围人的支持、理解、鼓励，多数幼儿园教师已经能适应专业工作，并获得了一定的工作经验与技巧，进入专业结构诸方面稳定、持续发展的时期。幼儿园教师关注的重点开始转向关注幼儿的行为。此时，幼儿园教师最需要学会如何处理幼儿行为的问题，也就是从最初的"我能行吗？"过渡到"我怎么才

---

①张立新、凌春媛：《关注初任幼儿教师专业发展问题》，载《现代中小学教育》，2013(11)。

能行?"的问题上来。

3. 更新阶段

这一阶段通常会从幼儿园教师工作后的第四年开始,随着幼儿园教师对教学技能的熟练和掌握,幼儿园教师的自信心逐渐增强,注意力开始转向常规教学以外的东西。该阶段的幼儿园教师也逐渐对平凡的教学工作产生倦怠感。为了促进幼儿园教师的专业发展,外界也可以为幼儿园教师参加学术会议及研究活动提供方便,使幼儿园教师能互相交流心得与经验,学到新的教学方法与技巧。[①]

4. 成熟阶段

经过前几年的锻炼和积累,幼儿园教师专业发展进入了相对成熟的阶段。这一阶段的幼儿园教师拥有了丰富的教育、教学经验,开始对一些比较抽象、深入的问题进行关注。达到成熟阶段的时间,存在个体差异,进步快的幼儿园教师三年即可达到成熟阶段,有些幼儿园教师可能需要五年甚至更长的时间。[②]

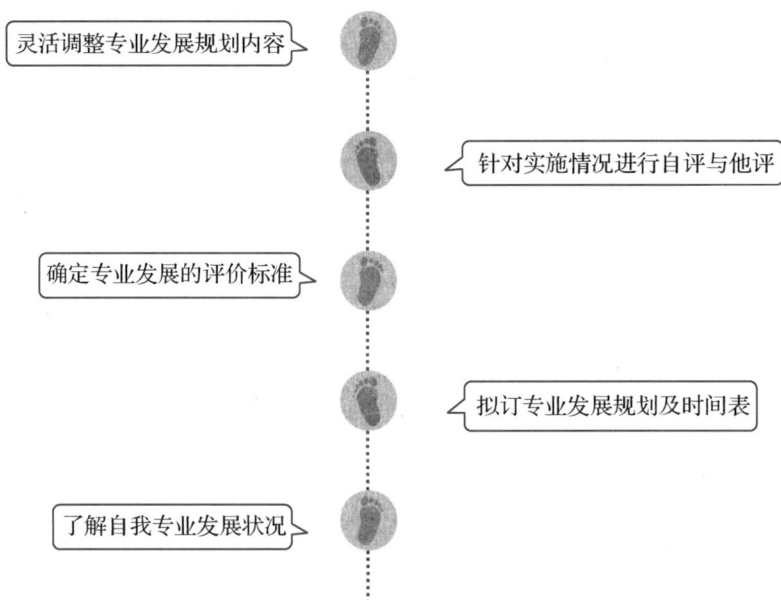

灵活调整专业发展规划内容

针对实施情况进行自评与他评

确定专业发展的评价标准

拟订专业发展规划及时间表

了解自我专业发展状况

图 4-1 幼儿园教师的专业发展轨迹

---

① 参见胡碧霞:《幼儿教师专业成长内涵的诠释》,载《连云港师范高等专科学校学报》,2005(3)。
② 参见刘捷:《专业化:挑战 21 世纪的教师》,128 页,北京,教育科学出版社,2002。

三、幼儿园教师专业发展的基本条件 ●●●

(一)积极开放的职业态度

幼儿园教师这一职业具有高度的自律性。教师的专业发展更多的是依靠个体的反思、主动和自觉，因此，保持积极开放的心态是克服困难、提高自己、完善自己和超越自己的重要因素。幼儿园教师处于幼教保育第一线，需要帮助幼儿设定并达成生活、学习目标；需要帮助幼儿获得更多的生活经验；需要向家长及时反馈幼儿的日常表现；需要较强的学习能力、沟通能力，保持积极开放的心态，主动地完成任务，掌握知识与提高技能，促进自我发展。

(二)合作互助的同事关系

幼儿园教师与同事的关系应该是合作互助性的。合作互助的形式多样，教师通过不同方式与他人进行信息交换、经验分享、案例剖析、教研钻研，不断提高对保育和教育现象的认识，不断更新和扩展幼教知识与技能，营造安全的氛围。注重在互助、合作中成长。充分发挥每个教师的教学特长，防止出现各自为战、孤立无援的现象。良好的同事关系是幼儿园教师专业发展的支持性条件。

(三)学习型的专业团队

在现代，教师单凭个人力量进行的专业发展已无法满足自身发展的需要和应对快速发展形势的要求。因此，建立学习型专业团队是幼儿园教师专业发展主要的现实诉求。学习型专业团队的创建有着重要的作用和意义，它的真谛在于：一方面，为了保障幼儿园可持续发展，使专业团队具有生生不息的活力；另一方面，为了实现个人与工作的真正融合，使幼儿园教师在教育保育中体会到教师职业的意义，促进幼儿园教师专业发展。

▶ 学以致用

一、单项选择题

1. 注重(　　)，培育幼儿良好的意志品质，帮助幼儿养成良好的行为习惯。

　　A. 教育教学　　　　B. 日常教育　　　　C. 保教结合　　　　D. 行为规范

2. 重视丰富幼儿多方面的(　　)，将游戏、探索等实践活动作为幼儿最重要的学习方式。

　　A. 书本知识　　　　B. 社会认知　　　　C. 直接经验　　　　D. 实践操作

二、判断题

1.幼儿园教师不具有专业性，不必太注重自身专业发展。（　　）

2.幼儿园教师应重视生活对幼儿健康成长的重要价值，积极创造条件，让幼儿拥有快乐的幼儿园生活。（　　）

3.幼儿园教师教哪个年龄段的幼儿，就只需要掌握哪个年龄段幼儿身心发展特点、规律和促进幼儿全面发展的策略与方法。（　　）

4.幼儿园教师不需要了解有特殊需要幼儿的身心发展特点和教育策略与方法。（　　）

5.幼儿园教师需要熟知幼儿园的安全应急预案，掌握意外事故和危险情况下幼儿安全防护与救助的基本方法。（　　）

6.幼儿园教师不需要了解0～3岁婴幼儿保教和幼小衔接的有关知识与基本方法。（　　）

7.幼儿园教师要制订专业发展规划，积极参加专业培训，不断提高自身专业素质。（　　）

8.幼儿园教师要积极了解幼儿发展中容易出现的问题，但不需要了解适宜的对策。（　　）

9.幼儿园教师要具有一定的自然科学和人文社会科学知识。（　　）

10.幼儿园教师需要了解中国以及世界教育基本情况。（　　）

三、简答题

1.简述《幼儿园教师专业标准（试行）》的基本理念。

2.简述《幼儿园教师专业标准（试行）》的基本内容。

3.简述《幼儿园教师专业标准（试行）》中的个人修养与行为。

▶**拓展阅读**

应彩云：特级教师不是神话

一提起"神话"，总会想到周杰伦：他创造了十年的销量神话。可是，今天去博客空间看看，吓一跳，居然有人把我当作"神话"。我是人，一个有喜怒哀乐的人，一个有成功也有失败的人。

这就和大家晒晒我昨天的失败经历。

见过我的人都知道，我的语速不快，这反映了我的思维不快。多年前的一次论文答辩前，领导请专家为我们辅导，教育学院杨院长最担心我："彩云是慢热型的，答辩时一定要沉着。"

昨天，我参加了一次试讲。候场时，一同参加的几个人对我说："你不要紧张，慢热的会越讲越好。"一进入试场，看到比原来想象中多出许多人，于是，我有点乱了方寸。再看试题，很通识的话题，内容一下子涌上我的心头，却不知从何讲起。所以，应验了大家说的，慢热型的人前三分钟不知道在讲什么，等进入话题后，时间已到。

出了试场，久经沙场的我不禁笑出声来。

瞧！我就是慢的。我要打有准备的仗的。所以，大家看见我成功的时候，一定要知道，我是做过多少准备的；大家看见我精彩的课堂表现时，一定得知道，我付出了多少努力。昨天晚上，我将试题重新思考了一下，得出几点回答这种题型的"体会"。相信以后，令我尴尬的试题，又会少掉一些了。这样一想，失败还真是件好事了。

瞧！心情只郁闷了一会儿，又明朗起来。哦！似乎还看见下次成功的曙光呢。

明白了吧？我的人生和你的一样，有低谷也有高峰。我只是看惯了起起落落，把这些当作乐趣。

明白了吧？我做到的，你也做得到！①

▶ **基础练习**

一、单项选择题

1.(　　)是幼儿园教师对自身专业的理解、判断与期待，是幼儿园教师专业发展的动力。

　　A. 专业信念　　　　　　　　B. 专业理念

　　C. 儿童观　　　　　　　　　D. 教育观

2.《幼儿园教师专业标准(试行)》提出"尊重幼儿权益，以幼儿为主体，充分调动和发挥幼儿的主动性；遵循幼儿身心发展特点和保教活动规律，提供适合的教育，保障幼儿快乐健康成长"，这些是对(　　)基本理念的具体表述。

　　A. 幼儿为本　　　　　　　　B. 师德为先

　　C. 能力为重　　　　　　　　D. 终身学习

①上海学前教育网，2015-02-25。

3. 师德，即_____，是教师在教育教学工作中必须遵循的各种行为准则和道德规范的总和，是社会主义核心价值体系在教育实践中的具体体现。《幼儿园教师专业标准(试行)》中"热爱学前教育事业，具有职业理想，践行社会主义核心价值体系，履行教师职业道德规范，依法执教"是幼儿园教师道德的_____；"关爱幼儿，尊重幼儿人格，富有爱心、责任心、耐心和细心"是幼儿园教师道德的_____；"做幼儿健康成长的启蒙者和引路人"的幼儿园教师必须为人师表，教书育人，自尊自律，这是《幼儿园教师专业标准(试行)》对幼儿园教师的_____。下列填空正确的选项是(   )。

①重要内容　②角色要求　③核心　④教师的职业道德

A. ①②③④　　　　　　　　　　　B. ②③①④

C. ③①②④　　　　　　　　　　　D. ④③①②

4. 沟通与合作能力是教师的重要基本功。合格的幼儿园教师要善于与(   )进行沟通合作。

A. 幼儿　　　　B. 同事　　　　C. 家长　　　　D. 以上都是

5. 20世纪70年代以后，美国、英国、法国、澳大利亚等国对教师职业生涯的研究逐渐增多。其中，比较有特色的是费勒斯的研究，他把教师的职业周期放在个人环境和组织环境中考察，提出了一种动态的职业周期模式。以此为基础，费勒斯把教师职业生涯的周期划分为(   )个阶段。

A. 五　　　　　B. 六　　　　　C. 七　　　　　D. 八

二、简答题

1. 幼儿园教师专业发展的基本要求与内容是什么？

2. 践行"幼儿为本"理念应遵循哪些行为准则？

3. 《幼儿园教师专业标准(试行)》中专业理念与师德分为哪几个领域？

4. 《幼儿园教师专业标准(试行)》中专业能力分为哪几个领域？

5. 简述凯兹对幼儿园教师自我专业发展阶段的划分。

▶ **实践训练**

训练一

活动区活动结束了，可晨晨的"游乐园"还没搭完，他跟老师说："老师，我还差一点就完成了，再给我5分钟，行吗？"老师说："不行，全班就等你啊？"

问题：请运用本单元所学知识评析该老师的行为。

训练二

请结合自身情况，制订一份专业发展规划。

训练三

新学期开学了，明明走进幼儿园教室后发现，班里的活动室变了样，图书区里放了许多新的图画书，益智区也增添了新的实验材料，搭建区有了新的拼插材料，还增加了"棋类区""角色区"。明明匆匆吃完早饭，迫不及待地跑到自己喜欢的棋类区，这时班里的王老师说："明明，你先去别的区域吧，这个区域里棋类的玩法老师还没有教给你们呢，等教了再来玩。"明明悻悻地走开了。"咦，这种拼插材料我从来没有玩过，太好了。"明明用新材料拼了一把"水枪"，就像暑假里爸爸给自己买的那把。新来的李老师走过来说："明明，我们实施的主题是'消防队员'，我教你拼消防车好不好？这些图片上有拼插的步骤，可以照着拼呢。"

问题：试运用幼儿园教师专业发展的理论分析李老师的环境创设和对明明的游戏指导。

训练四

幼儿园教师说"请你跟我这样做"，幼儿跟着说"我就跟你这样做"，这个简单的模仿游戏很受孩子们的欢迎。可是，一天午饭前做游戏，珍珍突然站起来说："老师，我不想像你那样做！"我一听愣住了，马上停下来问她为什么，她摇着头说："我不想和老师做一样的动作。"听完后，我想如果强行拒绝，她一定会对游戏产生反感，于是，我灵机一动说："那好，珍珍就和老师做不一样的动作。"游戏开始，珍珍做的每个动作都和我不一样。慢慢地很多小朋友低声说："老师，我也想做不一样的动作！"顿时，教室里喧闹起来。

问题：如果你是那位老师，你会怎样做？请阐述你的观点，提出合理的建议。

·第四单元检测题·

▶第五单元
▶幼儿园教师专业发展的途径、困境与方法

▶单元导入

　　阿基米德曾说："假如给我一个支点，我就能撬动整个地球。"这句话阐述了一个道理：如果一个人没有"撬动地球"的自信和勇气，如果没有找到用一根杠杆"撬动地球"的途径和方法，那么他将很难取得成功。

▶ 思维导图

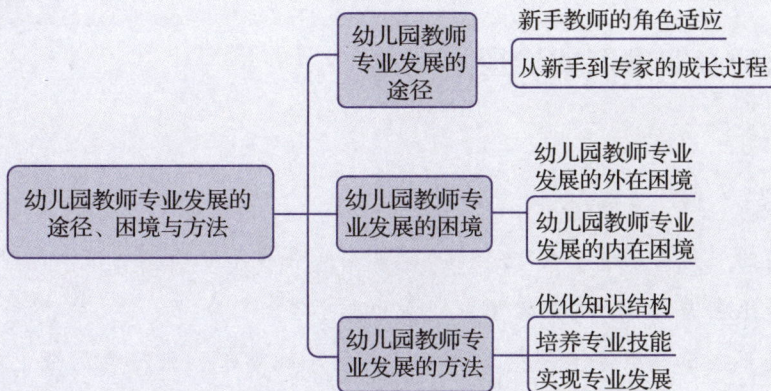

▶ 学习目标

1. 了解幼儿园教师专业发展的途径。

2. 了解幼儿园教师专业发展的困境。

3. 掌握幼儿园教师专业发展的方法。

▶ 典型案例

我的选择错了吗？

　　带着对幼儿教育的向往和渴望，我迫不及待地投身于幼儿园这个多彩的世界，去实现儿时的梦想——做一个像"妈妈"那样受人尊敬的好老师。然而，就在那本该收获的季节里，我却一无所获。面对那一双双小眼睛，我本能地躲闪了；面对孩子之间发生的矛盾，我无计可施；面对那短短二十分钟的教学活动，我不知所措。为了吸引孩子们的注意，我尽量表演得活灵活现，他们却总是东张西望、左顾右盼。更让人头痛的是，在户外活动时，他们会满世界乱跑，我只得与他们拼耐力和嗓门。我从一名成功的学习者变成了失败的教育者。刹那间，角色和地位的转换、理想与现实的差距，让我对自己的选择开始怀疑，对未来感到恐惧，难道我选择错了吗？

第一讲

幼儿园教师专业发展的途径

头脑风暴

教室的一角摆放着一个"方便筐",筐中有许多不同类型的纸。此时,××班的孩子正在进行"纸"的探索型主题活动。

美美正在筐中不停地翻找着什么,突然,她举起一张粉色的纸说:"这是什么纸?"我故意说:"我也不是很清楚,怎么办呢?"美美想了一会儿说:"我有办法了!去查查书!"我表示赞同,于是和美美一起来到资料区。

美美翻阅着一本关于纸的自制书。突然,她叫道:"找到了,就是这种纸!老师,这叫什么纸?"我拿起书,照书念道:"云彩纸!"美美继续追问:"什么叫云彩纸啊?"我说:"云就是天上一朵朵云的云,彩就是彩虹的彩。仔细想想,再看看这种纸,知道为什么取这个名字了吧?"美美想了片刻,马上叫了起来:"噢!我知道了,看!这种纸上有很多花纹,就像天上的云一样多,像彩虹一样美丽!"我点头道:"是啊!你和我想到一起去了!我也是这么认为的。那么你说用这种纸做什么最好看啊?"美美拿着这张云彩纸说:"我要用它做一把漂亮的小花伞……"①

思考: 幼儿园教师身上所承载的文化、经验不应对幼儿居高临下地"倾泻",而应进行平等的对话、巧妙的引导、科学的互动。幼儿遇到困难来求助时,幼儿园教师应该考虑是否要"介入"幼儿的活动以及"介入"的程度。"介入"的方法可以是一些不显山露水的对话、倾听与欣赏、按幼儿的逻辑进行思考和交流等。

一、新手教师的角色适应 ●●●

新手教师的角色适应过程是幼儿园教师职业生涯发展中的第一个关隘。新手教师需要完成由学生向教师的角色转换才能顺利通过这一阶段。新手教师需要实践并

---

① 杨雪主编:《学前教育学》,26页,镇江,江苏大学出版社,2013。

内化幼儿园教师的角色规范，逐步提升专业能力，为幼儿园教师职业发展打下坚实基础。

(一)幼儿园教师的多重角色

在具体教育教学活动中，幼儿园教师的职业角色可以细分为以下六种角色。

1. 幼儿的精神寄托

在幼儿园中，幼儿园教师通过语言与非语言的形式同幼儿进行交流。幼儿园教师在交流的过程中与幼儿产生深刻的情感，形成一种信任与被信任的关系。幼儿园教师无形中也就成了幼儿依恋的对象，这种角色是根据幼儿园教师与幼儿交往中的作用来定义的。幼儿园教师应当在同幼儿交往的过程中采取支持性的交往方式。交往可以是语言形式的，也可以是非语言形式的，而且应当清楚地表现出对幼儿的尊重和喜爱。成年人之间适宜的交往能提升幼儿对成年人的安全感和信任感，可以为幼儿提供一种一致的、清楚的和有礼貌的交流模式。因此，教师与教师、教师与家长之间应当建立积极向上的交往互动关系。总之，支持性的交往方式是以运用真诚的表扬、鼓励为特点的有效的交流，它可以增进幼儿园教师与幼儿之间积极的互动、有效的交流，并激发幼儿去学习和探索。

2. 幼儿的保护者

这种角色是根据幼儿园教师在照料幼儿中的作用来定义的。幼儿园教师应当运用触摸和表达喜爱的身体接触来对幼儿进行照料。充满感情的照料和接触能促进幼儿情感和认知的发展，促进幼儿的身体发育、情感健康和形成对幼儿园教师的依恋。那些同幼儿园教师建立起情感依恋的幼儿有更强的学习动机和能力，也能更好地参与幼儿园活动。儿童早期的依恋心理，要求幼儿园教师不只是教学工作者，更是幼儿的保护者。作为幼儿的保护者，应该从以下两方面去开展工作。

一是保障幼儿权利。幼儿具有主动活动、学习与发展的能力，幼儿的发展过程是其"内在潜力"得以不断展示的过程。因而教育的首要任务就是激发和促进幼儿"内在潜力"的发展，并按其自身规律获得自然的和自主的发展。

二是幼儿园教师为幼儿发展创设适宜的气氛与环境。适宜的气氛与环境对幼儿身心发展和幼儿"内部潜能"的开发具有重要作用。幼儿园教师的职责是给幼儿提供适宜的"有准备的环境"。这种环境不仅包括物质环境，如创造有规律、有秩序的生活环境，提供有吸引力的、美的、适用的设备和用具等，还包括对幼儿心理健康发展而言更为重要的精神环境，如允许幼儿独立地活动、自然地表现。这种"有准备的环境"使幼儿能意识到自己的力量，丰富幼儿的生活体验，促进幼儿智力的发展，培养幼儿的社会性行为。幼儿园教师应成为这一"有准备的环境"的创设者、维护者与管理者，使这个环境舒适、温馨、安全、有序。

3.幼儿心理和行为的辅导者

幼儿园教师是幼儿心灵的寄托，在和幼儿的交往过程中要让幼儿时刻感到轻松和愉悦，这是根据幼儿园教师在帮助幼儿减缓压力中的作用来定义的。如今的幼儿生活在一个相对复杂的环境中，幼儿园教师的职责之一便是帮助幼儿学习如何缓解压力。幼儿园教师可以创设仿真环境，通过游戏的形式教授幼儿正确的减缓压力的方法，帮助幼儿减缓压力。

4.幼儿课程的设计者和实施者

这种角色是根据幼儿园教师在计划活动中的作用来定义的。幼儿园教师通过提供一日活动和实施具体的课程来进行教育教学活动，满足幼儿的发展需要，完成规定的教学计划，引导幼儿的成长。课程的合理设计和有效实施离不开幼儿园教师对日常生活、游戏、教学等活动的过渡环节的合理计划。合理的计划安排可以使幼儿园教师的课程实施更有效，也可以使幼儿更积极主动地参与活动，参与意愿更加强烈。

5.幼儿学习和发展的促进者

这种角色是根据幼儿园教师在丰富学习环境中的作用来定义的。幼儿园教师为幼儿提供与发展相适宜的学习机会和游戏环境，如角色游戏、积木建构、区角活动、科学活动等，并营造温馨、安全、舒适的心理环境。促使幼儿积极探索是幼儿园教师的重要职责。

例如，在一堂绘画课上，幼儿园教师教小朋友画太阳，但有幼儿画了一个绿色的太阳。在进行作品展示的时候，该教师可能觉得幼儿没有照自己吩咐的去做，很丢面子，于是直接问全体幼儿："你们见过绿色的太阳吗?"在得到了全体幼儿否定的回答之后，幼儿园教师直接对该幼儿说了一句否定的评价。幼儿听到老师这样的评价之后，泪眼汪汪地缩到了一边。

上述例子中的幼儿园教师，没有给幼儿创造良好的学习与发展的心理环境，其不经意的话语给幼儿的学习造成了不良影响，甚至给幼儿的发展蒙上了心理阴影。

6.幼儿发展的研究者、诊断者和评估者

这种角色是根据幼儿园教师在问题解决中的作用来定义的。有效地获得信息，合理地做出判断，巧妙地解决问题，以及把这种反馈运用到以后的教育活动中，这是幼儿园教师的一项重要任务。例如，对于不合群的孩子，首先，幼儿园教师需要去了解产生这种行为的原因，寻找可以用来改变幼儿这种行为的教学技巧；其次，对这些技巧的有效性同幼儿发展需要的一致性进行综合考虑；再次，运用这种新信息来维持或改变班级管理的策略；最后，与幼儿的家长沟通，对幼儿家长的教养行为提出建议。优秀的幼儿园教师能对幼儿的发展进行研究、诊断和评估，能准确发现幼儿与家长可能会遇到的问题，能利用各种资源解决幼儿出现的问题。

(二)新手教师角色适应的影响因素

一般而言，刚走上幼教岗位的教师，通常都要经历一个既艰难又极为重要的阶段，即角色适应阶段。此阶段的教师将完成由学生向教师的角色转换，在幼儿园中逐步了解和认识自己在专业群体或社会结构中的地位，领悟并遵从群体和社会对这一地位的角色期待，学会如何完成角色义务。幼儿园新手教师的角色适应阶段能否顺利度过，除社会、幼儿园，家庭等客观因素外，主要受教师个人主观因素的影响：自身知识和技能、择业动机和态度、个性心理品质。

1. 自身知识和技能

新手教师走上工作岗位后，面对新的环境，往往会遇到很多的困难，产生诸多不适应，其中一个很重要的原因是他们相关的知识量少和技能不足。在师范院校学习期间，面对一个崭新的宽松舒适的环境，离开了家长的唠叨和班主任的监督，一部分学生没有把主要精力放在学习上；还有一部分学生过于注重相关专业知识的学习，而轻视了实践活动的参与。因此，新手教师走上工作岗位后，会面临缺乏本体性知识和实践性知识的困境，在处理和应对各种教育教学问题时便更加忙乱和困难。

2. 择业动机和态度

动机是满足需要而追求特定目标实现的意识，引起动机的内在条件主要是需要、兴趣、价值观念和抱负水准。有些学生在选择教师职业时不是出于自己的兴趣，没有对教师职业形成清晰的认识；有些学生则是站在教师职业之外，觉得教师有很长的假期，工资待遇也不错，没有对教师这个职业所必须担负的责任有一个清晰的了解。新手教师怀着这样的心态走上教师岗位，初步的职业定向不坚定，解决困难、战胜挫折的信心和勇气便会大打折扣。一旦遇到挫折或者其他诱惑就会被击败或改变其职业选择，另谋他就。

3. 个性心理品质

个性心理品质是指一个人在心理过程和个性心理特征两个方面所表现出来的心理特征，如情感、意志、兴趣、能力、性格等。新手教师走上工作岗位后，会遇到各种问题，而新手教师的个性心理品质，直接影响着自身对问题的处理效率和程度。个性心理品质比较强的新手教师在遇到问题时，总是能找到解决问题的途径和策略。例如，新手教师如果遇到了棘手的问题，能够积极主动地向有经验的教师请教，在实践中留心观察、总结和反思，将能很顺利地完成角色适应过程。然而，在现实中，很多新手教师很难快速地融入工作中去，难以做到及时经验丰富的教师请教；还有一部分新手教师没有足够的耐心和细心，一旦被拒绝或怠慢便垂头丧气、怨天尤人。

(三)新手教师角色适应的策略

新手教师角色适应过程顺利与否，既取决于职前的准备程度，也取决于职后的工作态度。由此，可以按职前、职后两个阶段，从不同方面提出相应的策略。

1. 职前学习阶段

第一，新手教师应调整好自己的职业心态和期望值，树立自己的职业目标，形成自己的职业认同感和职业价值观。

第二，新手教师应转变自己的角色意识。通过各种途径，新手教师应逐渐对教师角色形成初步认识，培养自己对教师职业的兴趣，以及对教育工作的热爱，迅速从学生的角色转变为教师的角色。

第三，新手教师应努力提高自己的专业素质。新手教师应合理安排学习时间，掌握专业知识，广泛阅读各种书籍，扩展知识面。在学习的过程中，新手教师应注重自己良好学习习惯、思维方式的养成。

第四，新手教师应与时俱进，提高专业能力。新手教师应积极参加学校组织的各种活动，主动承担社会工作并认真完成，在实践中锻炼自己的组织能力、人际交往等方面的能力。

2. 职后工作阶段

新手教师缺乏实践技能，虽然具有较全面的专业知识，但知识的广度和深度却远远不够。因此，新手教师需要做到以下几个方面。

第一，虚心和主动。每一位教师都有各自繁重的工作。新手教师在遇到困难时，需要以诚恳的态度主动向有经验的教师请教。

第二，细心和耐心。与其被动地等着别人告诉你怎么做，不如主动地细心观察别人的做法。幼儿园教师的工作非常琐碎，新手教师要有足够的耐心反复观察和实践，并勤于反思、善于总结。

第三，决心和毅力。由于个人性格因素或者人际交往能力的不足，新手教师在工作中往往会遇到不同的困难，需要清晰地认识到成长是多方面的，不仅仅是知识的增长，而克服困难恰恰是成长的必经之路，要有战胜一切的信心和勇气。

"不积跬步，无以至千里；不积小流，无以成江海。"从细微处入手，日积月累，终究会有惊人的质的飞跃！

二、从新手到专家的成长过程 ●●●

从一名新手教师成长为一名合格的教师，再成为一名骨干教师，最后发展成一名专家，这需要经历一个不断学习和成长的过程。教师在不同的发展阶段所具有的特点是不同的，所关注的问题也是不同的。不同学者对教师从新手成长为专家的过程划分了不同的阶段，在这里我们将幼儿园教师从新手成长到专家的过程分为顺应、适应、发展、专业化四个阶段。

(一)顺应阶段

从象牙塔走到一群精力旺盛的幼儿中间，从每天面对书本和老师到每天面对幼儿、家长以及领导，新手教师首先要做的就是克服内心的惶恐、焦虑和无助。他们最关心的就是自己是否能胜任幼教岗位，能否摆脱目前的困境，尽快进入角色。该阶段的教师迫切需要班级管理、突发事件处理、幼儿行为问题的技能辅导与训练等方面的具体指导和帮助；最需要家长的理解、同事的鼓励、领导的肯定、家人的安慰等精神上的支持。一般而言，师徒制的培训方式是对该阶段教师进行辅导的最有效的方式。

(二)适应阶段

经过一段时间的紧张忙乱，新手教师基本上克服了最初的惶恐、焦虑和无助，开始有了对工作的胜任感。之后，教师会将把注意力从杂乱无序的事务转移到具体的教育教学活动上来，如怎样组织一个完整的教育活动，怎样有效处理幼儿的特殊问题。

该阶段的教师在搜集信息、整理资料、解决问题等方面的能力仍然欠缺，仍需要有经验的教师给予培训与现场指导。对该阶段的教师而言，经常与其他有经验的同事交流，能帮助自身获得知识和技能，也能够有效地减少心中的焦虑感和挫败感，促进专业能力的提高，增强工作的信心。

（三）发展阶段

工作四五年以后，教师开始对程序化的、平淡无奇的工作模式感到倦怠。他们开始重新审视自己的职业。这个时候，想在专业道路上走得更远的教师开始关注学前教育的新趋势、新观点、新方法和新问题，开始搜集、研究新的教学内容和材料，以调节、更新和充实自己。

该阶段的教师迫切需要注入新能量，因此对该阶段教师的培训要有针对性地把内容聚焦于知识和技能的新颖性上。该阶段的教师热衷于参加各种教学研讨活动和科研活动，希望有机会与幼教专家接触，以不断提高自身的专业能力。

（四）专业化阶段

教师已经掌握足够多的概念和理论基础后，能较好地整合已有的知识和经验，开始对深层次的、更加抽象的问题感兴趣，逐渐形成了自己的教学思想。

该阶段的教师愿意广泛阅读与教育研究有关的文献资料，愿意和不同层面的教育学者交流，参加学术会议，希望进一步深造，获得更高的学位。对这个阶段的教师进行的培训应当包括为教师提供机会，使他们能通过研讨会来同别人分享自己的观点，通过交流来促进个人成长；鼓励教师发表文章，形成自己的教学特点。

▶ 学以致用 ◀

简答题

1. 幼儿园教师发展处于顺应阶段时要如何进行培养？

2. 作为幼儿的保护者怎样开展工作？

3. 如何做好幼儿发展的研究者、诊断者和评估者？

4. 已经处于专业化阶段的教师应该如何进行培养？

5. 简述幼儿园教师的多重角色。

6. 简述新手教师角色适应的影响因素。

7. 简述幼儿园教师从新手成长到专家的几个阶段。

8. 新手教师在职后工作阶段要做到哪些方面？

第二讲

幼儿园教师专业发展的困境

头脑风暴

爱的回报

我曾遇到过善意的劝告、不解的叹息，甚至恶意的讥讽，但孩子们那诚挚的爱，纯洁的心，圣洁的情，深厚的意，却给了我力量和信心，使我在这条路上坚定地走了下来。每当我回到幼儿园时，孩子们会一下围上来，争先恐后地叫喊："许老师，许老师！"童稚的呼唤此起彼伏。我微笑着，应答着，眼睛却渐渐潮湿……望着那一张张可爱的小脸，一种幸福甜美之情在心中升腾澎湃。这是怎样的一种情感啊！朋友，你体验过吗？你体验过被这么多人牵挂，被这么多人喜爱，被这么多人问候的感觉吗？我体验过了，这是爱的回报，是孩子们对我最好的回报。

我不后悔，因为我热爱我的职业，因为我在这一片绿洲上播下了希望的种子。面对天真无邪的孩子们，我实实在在地感受到了人生的充实和快乐。

教师对待工作要认真、执着，忠诚并热爱教师的职业，要富于教育责任感，并以创造的精神对待工作。①

思考：阅读上述材料，谈谈你的看法。

就目前来说，幼儿园教师的专业化发展在地区、园所、教师方面存在参差不齐的现象。究其原因，有社会、家长、幼儿园等外在因素的影响，也有教师自身缺乏自觉主动的内在因素的影响。此外，由于受地理条件、经济基础和人文环境等因素

---

①张燕：《幼儿教师专业发展》，218 页，北京，北京师范大学出版社，2006。

的影响，幼儿园教师专业化的发展情况有待改善，主要表现在幼儿园要实现内涵发展，必须依赖教师队伍的专业发展。然而目前幼儿教育队伍存在专业素养、综合素质参差不齐，教研能力不足，职业倦怠现象增多，敬业、奉献精神有待加强等问题，极大影响了教师的专业发展，制约了幼儿教育质量和水平的提高。

一、幼儿教师专业发展的外在困境 ●●●

(一)合法权益得不到保障

幼儿教育不属于义务教育。目前，幼儿园存在编内和编外两种性质的教师，由于性质的不同，一些编外教师的待遇较低，生存尚存在问题，安居乐业更无从说起。对于一些能力强的编外老师，同工不同酬的现象，更加使他们对自身的工作缺乏热情，积极性不高，产生应付了事的消极心理。从政府层面来说，经费投入的不足及学前教育在整个教育中的地位不够凸显等因素在很大程度上限制了我国学前教育的发展。蒋建其认为政府对教育有主导和监管的职责，可通过政策引导、机制完善和督导评价等手段来促进幼儿园教师专业化。他具体探讨了政府在促进幼儿园教师专业化进程中的可采取措施：一是提高幼儿教育地位和规范幼儿教育办学同步推进；二是提高幼儿园教师准入门槛和改善幼儿园教师待遇同步推进；三是提升幼儿园教师培养层次与提高幼儿园教师培养质量同步推进。政府施行的政策和制度引导着整个社会趋势和大潮流，是幼儿园教师专业发展的大背景，富有支持性导向的大环境对于幼儿园教师的专业发展无疑具有重大意义。[1]

(二)工作负担过重

幼儿园日常的保教任务就比较繁重，再加上自上而下的大大小小的活动，如果幼儿园不能统筹规划，巧妙安排，那么教师就会被动应付。有些幼儿园规定教师要摘抄大量的教育信息、读书笔记等，案头资料、形式化的东西太多，教师往往被牵着鼻子走，身心疲惫得不到解放，没有自主发展的空间，专业化发展又从何说起。

(三)缺乏良好的机制氛围

"在什么样的环境中工作，你就会成为什么样的人。"这句话说的是环境对人成长的影响作用。良好的园风为教师的专业化发展营造学习、研究的氛围，适度的压力

---

① 参见蒋建其：《论政府在幼儿教师专业化进程中的作用》，载《早期教育(教师版)》，2007(7)。

可以促进教师的工作。有的幼儿园没有有效的考核奖惩细则，教师做多做少一个样，做好做差无区别，没有形成良好的激励机制，教师缺乏发展的动力。

（四）缺乏有效的引导

第一，有些教师，想在专业上进行学习和研究，但不知从何下手，缺乏独立的思考和有效的引领，想做而不知怎么做。若无明确的目标导向，遇到专家和领导指向哪里，就盲目地奔向哪里，了解的大多是皮毛，不一定切合自身的实际水平，效果也就根本无从谈起。

第二，缺少专业培训。从幼儿园教师的专业发展来看，我国目前有部分幼儿园教师没有参加过在职专业进修与培训。幼儿园教师长期工作在保教第一线，却因缺乏职前与职后幼儿园教师专业培训，在面对新的教育理念、教育教学理论以及现代信息技术的冲击时感到力不从心、束手无策，他们亟须在学习与研究中提高理论水平和工作能力。

二、幼儿教师专业发展的内在困境 ●●●

（一）专业素养参差不齐，综合素质不高

国内外大量研究表明，"高素质、专业化的幼儿园教师队伍是高质量学前教育和儿童健康发展的重要保障"[1]，追求高质量的学前教育亟须提高幼儿园教师的专业素养。然而，目前我国幼儿园教师的专业素养却不容乐观。2012年，教育部发布的《幼儿园教师专业标准（试行）》从"专业人员"的角度，既对合格幼儿园教师的专业核心素养提出了复合性要求，也为幼儿园教师的培养、准入、培训、考核等提供了考量依据。[2] 这在一定程度上规范了幼儿园教师的准入制度及专业能力，幼儿园教师的学历层次有所提升，由以往的中专学历为主转变为大专、本科学历居多，甚至出现了研究生学历的教师。但是，在政策落实过程中，更多的做法是将该标准作为职前培养的重要标准和选拔入职的考试工具，忽视其对幼儿园教师专业素养进行全面测查、动态管理、有效提升的作用。[3] 诸多研究发现，一方面，幼儿园教师不论是新手教师、角色适应期教师还是转岗教师、非学前教育专业教师，都存在专业知识结构不

---

[1] 刘小林：《基于〈专业标准〉的幼儿教师专业素质的培养与提升》，载《中国成人教育》，2014(13)。
[2] 参见张鹏、蒋荣辉：《近15年来我国幼儿教师专业素养研究的进展与反思》，载《陕西学前师范学院学报》，2017(5)。
[3] 参见单清清：《幼儿教师专业素养现状及对策研究——基于〈幼儿园教师专业标准（试行）〉的思考》，硕士学位论文，山东师范大学，2016。

尽合理、专业技能不够娴熟、对教师职业价值认识不到位、专业发展动力不足等问题。另一方面,公办、民办幼儿园教师的专业素养也存在显著差异。[①] 幼儿园教师整体专业素养的参差不齐成为学前教育改革与发展的瓶颈。

> **案例分析**
>
> 　　某市幼儿园的张老师任教18年,每年都坚持订阅与教学有关的各种资料,仔细阅读、不断钻研。近几年她开设个人教学博客,与同行们分享教学心得和教学经验,成为幼儿园教学的领头雁。她曾教过一位性格内向的女孩,经家访,张老师了解到孩子的父母一直忙于生计,将孩子一个人丢在家里,致使女孩形成了内向的性格。为了能让她有所改变,上课时,张老师常常拉着她的手,带她与小朋友一起做游戏;替她梳理凌乱的头发……慢慢地,孩子的脸上露出了笑容,渐渐地融进了幼儿园这个大家庭。
>
> 　　**分析:**张老师的行为不仅体现了勤勉、严谨的工作态度,更是其专业素养和综合素养的体现。一方面,张老师能够严格要求自己,不断学习充实自我,善于与同行合作交流;另一方面,张老师对幼儿充满关爱,将幼儿视为自己的孩子,彰显了幼儿园教师的道德品格和精神魅力。

(二)奉献精神缺失,敬业精神不强

幼儿园教师的专业发展离不开良好的职业道德和敬业精神,目前部分教师安于现状、不思进取。没有成就感,就会缺少内在的动力。一个人在某方面取得成绩,有了收获之后,便会产生成功的喜悦,也就是成就感。这种积极的情绪体验,会让人产生内在动力,更加自信,激励人更进一步地努力。如果幼儿园教师没有在这方面取得成绩,不曾有过强烈的情绪刺激,就很难体会工作的成就和幸福。目前,幼儿园教师在专业化发展方面先要动起来,进行学习和研究,行动了然后才能知不足,行动才有机会,有机会就有可能收获成功。

(三)职业倦怠现象增多,缺乏职业幸福感

有关研究表明,职业倦怠最容易发生在助人行业的从业者身上,教师作为一种典型的助人职业,也不例外。幼儿园教师一般要全面负责某一时段所带班级的各项

---

①参见曾彬、张哲、栾文艳:《农村新建园幼儿教师专业素养研究——基于公办园和民办园的比较分析》,载《陕西学前师范学院学报》,2016(7)。

工作，要时刻组织幼儿的学习、生活、游戏等活动，还要照顾幼儿的各种琐碎的事情，任务既全面又细致。这些都容易给幼儿园教师带来工作压力和心理压力，使他们没有职业安全感和成功感，导致部分教师出现职业倦怠，甚至影响到他们的工作、生活和身心健康，阻碍他们的专业发展。

幼教专家凯兹认为，职业倦怠似乎是幼儿园教师"难以逾越的现象"。由于教育对象的年龄特点，幼儿教育阶段的教师比起其他教育阶段的教师更容易出现职业倦怠。许多幼儿园教师面对幼儿层出不穷的各种问题，只凭有限的经验穷于应付，以至于身心疲惫，缺乏成就感和幸福感，产生职业倦怠，进而影响自身的发展。

(四)存在惰性，缺乏恒心和毅力

部分幼儿园教师存在惰性，缺乏恒心和毅力。大多数幼儿园教师认为自己忙于常规工作，没有时间进行学习和研究，生活很安定，已经能适应教育教学的需要，有种满足感；有些幼儿园教师刚开始兴致较浓，当正式实施学习计划后，又觉得太难，认为目标太遥远，有种迷茫的感觉，刚开了头，稍有波折就放弃了。这些都是幼儿园教师在专业化发展中存在惰性、缺乏坚持性的表现。

国外已有研究表明，在任教的前两年中，弃教改行的新教师比例高达 15%，远高于整个教师队伍 5% 的流失率。"一个人第一年教学的情况如何，对他所能达到的教学效能水平有重大影响，而且要持续数年；会影响到在整个 40 年教师职业生涯中对教师行为起调节作用的教师态度；也确实影响教师是否继续留在教学专业的决策。"[1]

(五)教研能力亟待提高，对教育理念的理解不到位

幼儿园教师在教育理念方面存在以下三点不足。首先，一些幼儿园教师对科研工作的认识存在误区，认为那是专家、学者以及名师才能去做的事情。其次，一些幼儿园教师疲于应付工作，问题意识不强，不善于总结、反思工作，没有系统掌握科研的方法，笔头功夫薄弱，不能及时研究、改进自己的工作方式。最后，一些幼儿园教师教育研究能力长期未能得到积极训练和有效提升。

幼儿园教师的专业发展离不开教育科学研究。由于脱离了科学研究，幼儿园教师失去了应有的学术声誉和专业地位。部分幼儿园教师不仅教育理论素养不高，还

---

[1]转引自叶澜、白益民、王枬等：《教师角色与教师发展新探》，289 页，北京，教育科学出版社，2001。

缺乏实践中的深刻反思和积极探索，以至于对幼儿教育存在各种问题与困惑，难以运用教育理论进行理性思考和深入分析，难以探究问题的成因、条件及解决途径。教研能力的缺乏，常常会使幼儿园教师对幼教问题变得不敏感、失去兴趣，阻碍了自身教育理念、认识水平和教育能力向更高层次提升，使幼儿园教师自我提高常显得"心有余而力不足"。幼儿园教师的研究意识、研究能力不强，不仅影响对幼教规律的掌握和运用，也影响专业发展。

随着幼儿园课程改革的不断深化，受我国教育大环境的影响，幼儿园教师已有的观念和行为受到了冲击。这要求幼儿园教师的角色及作用得到拓展，从单一角色到多元角色，从跟随课程到参与课程，从适应教学到提升专业。

（六）自身专业发展受限制

部分幼儿园教师没有机会决定自己专业发展的方向，没有机会制订自己专业发展的计划，没有机会对培训课程进行选择，没有机会参与幼儿园政策的制定与教学、课程的设置等，这些都严重地阻碍了幼儿园教师的专业发展。幼儿园教师常常深陷各种琐事，被安排参加多种活动，很多教师的专业发展似乎都是在外界为其写好的"脚本"中惨淡经营，其声音往往湮没于行政部门、专家、园部管理人员的多重声浪中。然而，在各种被写好的"脚本"中，幼儿园教师的"演出"是否卖力？一位工作不满一年的教师坦承，自己对各种被安排的业务学习活动参与积极性并不高。有学者指出，现实中教师主体性被遮蔽的现象十分普遍，即教师在自身专业发展中的缺失自主性、独立性、创造性。幼儿园教师如何才能赢回自身的专业自主权，成为自身专业发展的主人？这需要为其提供一个能够发出声音的平台。现象学教育学研究者指出，理论形态的教育学与实践范畴的教育活动之间的疏离使教育学的学科发展屡遭诟病。对此，唯有走近和关照教育的实践问题，以一种"接地气"的研究范式摆脱"书斋式"的研究理路，才能找到教育学自身的"活水源头"。

（七）职业道德受到一定程度的挑战

社会对幼儿园教师的道德期待和幼儿园教师自身的道德要求之间尚存在着一定的矛盾。尤其是在利益的驱动下，一些幼儿园教师存在着师德滑坡、职业怠倦等现象，这不可避免地产生了一些与教师职业道德操守相背离的行为。

（八）缺少成就动机，缺乏内在的动力

成就动机是影响幼儿园教师专业发展的内部因素。伯利纳认为教师教学专长的发展可以划分为新手教师、熟练新手型教师、胜任型教师、业务精干型教师和专家型教师五个阶段，所有教师都是从新手阶段起步的。一个教师能否完成向专家型教师的飞跃，根本原因在于个人的成就动机。幼儿园教师也不例外，研究人员发现，有崇高的职业理想是优秀幼儿园教师献身教育事业的根本动力，即对幼儿的关爱、对工作的热爱。

　　幼儿园教师作为一种职业，有其特殊的职业特点，包括教育对象的幼稚性、劳动任务的全面性和细致性、教育过程的创造性、教育手段的示范性、教学行为的自主性等等，不一而足，相比于其他教育阶段教师来说，二者不同之处有很多，应该得到广泛关注。

小测验：你能乐在工作之中吗？

▶ 学以致用 ◀

简答题

1. 简述幼儿园教师专业发展的外在困境。
2. 简述幼儿园教师专业发展的内在困境。
3. 简述造成目前幼儿园教师专业发展现状的原因。
4. 简述蒋建其在政府促进幼儿园教师专业化方面提出的建议。
5. 伯利纳认为教师教学专长的发展分为哪几个阶段？

第三讲

幼儿园教师专业发展的方法

头脑风暴

给自己一个支点

　　首先，教师一定要学会"逼"自己。学习、反思以及专业写作，是教师自我成长之路，可以这样说，只有反思才能改变行为，只有创新才能成就未来。作为教学工作，它并不是教师谋生的一种"手段"，而应是成就自己梦想的最佳途径。但在现实中，懒惰与享乐，是成长和上进的潜在威胁；繁忙和烦琐，是许多教师无法静心学习、潜心研究的借口。其实，如果下定决心，学会逼自己——逼自己读书，逼自己写反思日记，逼自己……只有在这种逼迫中，才有所得，才有所获，才会在不知不觉中自我改变。

其次，教师一定要学会"磨"自己。"磨"中增耐性，"磨"中出悟性，"磨"中长才干。只有"磨"自己，一个人才能弥补自己的不足，经营自己，建构起属于自己不断成长的"心灵磨坊"，打造属于自己长足发展的精神"特区"。对于教师来说，"磨"好一节课，"磨"好一篇论文，"磨"好一次板书，"磨"好一副口才……"十年磨一剑"，教师在"磨"中才能实现教育教学的得心应手，并逐渐地形成自己的教学风格。

再次，教师一定要学会"量"自己。每个人都有自己的特长和不足，只有扬长补短，才能找到适合自己的成才与成功之路。这就需要教师学会"量"自己的长处与短处，"量"自己的优势与劣势，"量"自己的坚定与怯懦。俗话说，量体才能裁衣。只有量准自己，才能对症下药，才能瞄准目标，才能少走弯路。……在人生坐标系中，如果一个人不经营自己的长处——拥有一技之长，发展一技之长，并且保持浓郁兴趣，就会在自己长处的阴影下一事无成。

最后，教师一定要学会"疑"自己。要善于怀疑自己以前的习惯和行为，要勇于怀疑自己信奉的专家与权威，要勇于怀疑自己的假性提高与表面成长。"学者先要会疑，小疑则小进，大疑则大进。"虚心好学，善于怀疑，勤于发问，只有这样，你才会越学越多；兴趣和快乐，也会一点点形成与增长，自己也会找到和发挥出潜在的力量来。……虽然每一位教师的起点各不相同，但是，行动由自己控制，习惯由自己改善，命运由自己把握，作为一线教师，如果能够找到一根撬动成功的"杠杆"，那么，这些苦和这些累，就会化作生命的另一种芬芳……①

思考：上述资料告诉我们一个看似简单，做起来又不大容易的道理：要实现自主专业发展，主要是靠自己的主观努力。那么作为幼儿园教师，怎样在自己的专业发展过程中为自己找一个恰当的"支点"呢？

---

①李文治：《幼儿教师师德修养与专业发展》，208 页，北京，人民邮电出版社，2017。

一、优化知识结构 ●●●

教师的专业知识是胜任教育教学工作所必须具备的知识，是被教育实践证明的、真实准确的、可以指导教育教学实践中的问题的经验。国内外不少研究者围绕"教师应该具有哪些知识"进行了深入研究，提出了各自的观点。我们可以认为，教师的专业知识结构包括教学内容知识、教学方法知识、学生的知识、一般文化知识等基本要素。这些知识既可以是理论性的，也可以是实践性的。

幼儿园教师作为教师队伍的组成部分，同样需要具备一定的专业知识作为胜任幼儿保育教育工作的条件和保障。然而，由于服务对象的特点以及由此带来的幼儿教育工作的特殊性，幼儿园教师的专业知识也有自己的独特性。根据教育部发布的《幼儿园教师专业标准（试行）》，幼儿园教师的专业知识由"幼儿发展知识""幼儿保育和教育知识""通识性知识"三个部分组成。

（一）幼儿发展知识的优化

按照《幼儿园教师专业标准（试行）》的要求，幼儿园教师必须具备的"幼儿发展知识"可以归纳为四个方面：幼儿身心发展的一般规律知识；幼儿发展的年龄特征与个体差异知识；幼儿发展中的常见问题与有特殊需要的幼儿的相关知识；有关幼儿生存、发展、保护的法律法规知识等。

1. 优化幼儿身心发展的一般规律知识

幼儿身心发展一般规律的知识是幼儿园教师把握保育教育工作的方向和原则的前提。幼儿园教师需要通过阅读书籍、网络查询、培训等方式解决以下四个问题。

第一，幼儿的身心发展是什么。

第二，幼儿的身心发展是怎样的一个过程。

第三，幼儿的身心发展遵循着什么样的规律。

第四，幼儿的身心发展受哪些因素影响。

2. 优化幼儿发展的年龄特征与个体差异知识

幼儿的年龄特征代表着特定年龄阶段多数幼儿的发展水平和状况。幼儿的个体差异反映发展的多样性。幼儿园教师对幼儿发展的年龄特征与个体差异知识的优化途径是学习多元智能理论中对智力差异的研究。多元智能理论不是简单地将智力差异看作"等级性"的，而是将它视为"结构性"的，即每个人都有自己的优势智力和独特的智力组合，都有自己的特点和风格，只要能发现和识别每个幼儿的智力潜力和特点，就可以用适合其风格和特点的方式来促进幼儿学习与发展。

3. 优化幼儿发展中的常见问题与有特殊需要的幼儿的相关知识

有的幼儿在发展过程中可能会出现一些问题。这些问题中有些有先天原因，有些则源于后天教养方式不当。幼儿园教师需具备相关知识，以便能及早发现幼儿在体能、情绪及心智行为方面存在的潜在问题。当然，其中有些问题不是教师或者通过家园合作就能够解决的，但教师可以向家长提出请医生诊断和治疗的建议。幼儿园教师对该类知识的优化方法主要是掌握学前儿童卫生保健知识。

4. 优化与幼儿生存、发展、保护有关的法律法规知识

幼儿园教师应该了解相关法律法规与政策的主要内容和基本精神，将保护儿童的基本权利视为自己的责任和义务。幼儿园教师优化该类知识的方法是了解联合国《儿童权利宣言》《儿童权利公约》以及我国的《中华人民共和国未成年人保护法》《中华人民共和国教育法》《幼儿园管理条例》《幼儿园工作规程》等法律法规和政策。

(二)幼儿保育和教育知识的优化

《幼儿园教师专业标准(试行)》中幼儿园教师必备的幼儿保育和教育知识可以归纳为五方面的内容：幼儿园教育的目标、任务和基本原则；幼儿教育的内容、途径与方法；幼儿卫生保健与安全；幼儿学习与发展的基本方法；幼儿园与其他阶段的教育衔接。

1. 优化幼儿园教育的目标、任务和基本原则知识

幼儿园教育的目标指明了幼儿教育的基本方向，是幼儿园教师工作的指南针和方向盘。幼儿园的任务是幼儿园性质和功能的具体体现。幼儿园教育的原则是幼儿园教师必须遵守的基本要求。优化幼儿园教育的目标、任务和基本原则知识需要幼儿园教师熟读《幼儿园工作规程》，将幼儿园教育的目标、任务和基本原则转化为内在的"教育观念"，并用于指导和检查、反思自己的行动。

2. 优化幼儿教育的内容、途径与方法知识

幼儿的学习方式以活动为主，没有固定的教材，这是幼儿教育的特殊之处。加之幼儿身心发展的年龄特征及其学习方式也有自己的特点，因此，对于幼儿园教师来说，如何选择幼儿感兴趣的、富有教育价值的内容来支持引导幼儿的学习不是一件容易的事。《幼儿园教育指导纲要(试行)》对如何选择教育的内容、如何组织幼儿

园的教育活动等问题都做了原则性的规定，教师必须深刻理解这些规定。幼儿园教师优化"幼儿教育的内容、途径与方法知识"的途径是：掌握幼儿发展的特点和国家的幼儿教育目标，熟读《幼儿园教育指导纲要（试行）》，并在自己的教育实践中灵活地运用。

3. 优化幼儿卫生保健与安全知识

幼儿的卫生保健与安全的相关知识不能通过道听途说的零散经验来获得。幼儿园教师需熟知幼儿园的安全应急预案，掌握意外事故和危险情况下幼儿安全防护与救助的基本方法。

4. 优化幼儿学习与发展的基本方法知识

尽管幼儿园教师可以从教材及其他书刊中获得有关幼儿学习特点与幼儿身心发展的系统知识，但这些知识仅仅为幼儿园教师理解儿童的学习与发展奠定了理论基础，并且这些知识都是标准化的、带有一般特征的。在教学实践中，幼儿的学习与发展是鲜活的、非标准化的。因此，幼儿园教师还需要进一步优化幼儿学习与发展的基本方法知识。掌握一些了解幼儿的基本方法，如观察法、作品分析法、调查法等，这是幼儿园教师优化幼儿学习与发展的基本方法知识的最佳途径。

5. 优化幼儿园与其他阶段的教育衔接知识

3～6 岁的幼儿与两个阶段有着密切的衔接：幼儿 3 岁之前家庭教育阶段的衔接和 6 岁之后小学教育阶段的衔接。幼儿园教师优化这方面知识的途径是：一方面，要了解幼儿在 3 岁之前、3～6 岁时身心发展特点的共性和差异，明确幼儿在入园适应时可能存在的常见问题以及处理入园适应问题的方法；另一方面，幼儿园教师要了解小学与幼儿园在教育目的、内容、组织形式上的差异，以及小学教育对幼儿入学准备的要求，以便能帮助幼儿在认知能力与基础知识、学习态度与习惯、社会适应等方面打好基础。

（三）通识性知识的优化

在 20 世纪 60 年代以前，史坦顿对幼儿园教师进行了这样的描述："她应该具有相当的教育程度，意思是说，她应该有心理学及医学的博士学位，最好还有社会学的基础。另外，她也应该是经验丰富的木工、水泥工、水电工，还应该是训练良好的音乐家及诗人。……这样到了 83 岁时，她就可以当老师了！"[1]用这样的标准去要

①转引自［美］丽莲·凯兹：《与幼儿教师对话——迈向专业成长之路》，廖凤瑞译，144～145 页，南京，南京师范大学出版社，2004。

求幼儿园教师，显然是对幼儿园教师的过高要求，但这段话给我们的启示是：幼儿园教师不仅要具备专业的相关知识，还要有广博的科学文化知识。

《幼儿园教师专业标准（试行）》中的通识性知识包括一定的自然科学和人文社会科学知识，中国教育基本情况，相应的艺术欣赏与表现知识，一定的现代信息技术知识。其中自然科学知识和人文社会科学知识，是幼儿园教师需掌握的通识性知识中的主要部分。

1. 优化自然科学知识

幼儿园教师学习的自然科学知识并不只是简单罗列的科学事实，也不只是"零散、偶然"的科学知识，而是要学习和掌握自然科学知识体系当中的核心概念及科学观，掌握科学探究的方法，如观察、猜想、推理、交流等。只有这样，幼儿园教师才能帮助幼儿感受大自然和科学的奇妙，体验发现的快乐。

2. 优化人文社会科学知识

幼儿园教师人文社会科学知识的学习要抓住关键，多读书、读好书，利用网络、博物馆等平台掌握必要的人文社会科学知识，丰富自身文化底蕴，深化和理解幼儿教育的内容，开发幼儿教育课程资源，进行有效教学。

（四）专业知识的优化

上述幼儿园教师知识结构各部分的优化学习并不是孤立的，而是需要相互间的融会贯通。教师知识并不是学科理论知识的积累，而是教师在教学实践中形成和发展的理论与实践相结合的复合式个人知识。随着社会经济的发展，教育改革的深入，自身实践经验的丰富，教师的专业知识也应相应地进行调整、充实和提高，进而创造性地解决复杂变化的教育实践新问题。幼儿园教师除了有针对性地优化各部分的专业知识外，还需通过以下途径不断进行专业知识的学习。

1. 终身学习

联合国教科文组织在《学会生存——教育世界的今天和明天》报告中指出，人的生存是一个无止境的完善过程和学习过程，人和其他生物的不同点主要在于他的未完成性。人如此，育人的教师更是如此。幼儿园教师的职业生涯同样是一个永无止境的完善过程和学习过程。特别是在婴幼儿发展研究，尤其是脑科学研究成果不断涌现，幼儿教育的理论知识不断更新，先进的保育教育实践经验不断推出的情况下，及时获取有关幼儿发展、保育教育、科学与人文方面的新知识，更新和完善自己的专业知识结构是教师专业发展的重要方面。

幼儿园教师进行终身学习，可以从以下五个方面着手。

一是学会有效利用零散时间。时间就像海绵里的水，只要愿意挤总会有的。

二是学会有效的自我评价。一个人在学习过程中，不仅学习水平在不断变化，其兴趣和爱好也在不断地变化。对这些方面进行评价和审视，不仅有利于保证学习的速度和质量，更重要的是能保证学习方向的正确。

三是学会调节自己的学习行为，以适应不同的环境和需要。我们身边的环境并不由我们自己决定，当一个人总在抱怨周围的环境时，他的注意力十有八九已经脱离了学习本身，他的能力也将浪费在抱怨中。

四是遇到困难要坚持不懈。多数人在学习时都会遇到困难，遇到困难能够坚持下去，是主动学习的重要内容。

五是树立终身学习理念，不断将学到的新知识运用于保育教育实践中。

2. 加强合作

教育家马卡连柯说过，"无论哪一个教师，都不能单独地进行工作，不能作个人冒险，不能要求个人负责，而应当成为教师集体的一分子"[1]。合作是幼儿园教师专业活动的基本方式。《幼儿园教师专业标准（试行）》中明确提出幼儿园教师要"具有团队合作精神，积极开展协作交流"。瑞吉欧教育理论的代表人物马拉古奇认为幼儿园教师"必须放弃孤立、沉默的工作模式"，开展团队学习。幼儿园教师通过相互对话，协商解决教育实践中出现的问题，了解、分析幼儿的表现，观看教学档案，讨论各种教育问题，从而提高团队的洞察力，并产生新的见解。因此，幼儿园应当积极营造"学习型组织"，在团队的合作中不断优化自身的知识结构。

3. 不断反思

波斯纳曾经提出过一个教师成长公式：成长＝经验＋反思。经验即教育实践的经历，这种经历与反思的结合，有助于教师发现并分析自身知识结构和教育教学实践中的问题，有针对性地加以补充和改进；也有助于理论知识向实践知识、公共知识向个人知识的转化。教育实践是鲜活的、变化的，具有情境性和不确定性的特点。而教育理论则往往是抽象的、概括的、相对呆板而且相对滞后的。一般性的理论知识用以应对具体生动的教育实践显然是不充分的，教师需要随时运用自己的经验进行加工改造，以获得在实践中易于应用的知识。在这个过程中，教师不断将所获得

---

①［苏联］安·谢·马卡连柯：《论共产主义教育》，刘长松、杨慕之译，304 页，北京，人民出版社，1981。

的知识与实践后的效果加以对照，经过反思、总结、改进、再实践的往复过程，验证知识、巩固知识，从而为自身专业知识的持续发展提供源泉。

二、培养专业技能 ●●●

幼儿园教师的专业能力是通过保育和教育实践得以体现的，也是在保育和教育实践的过程中不断生成的。幼儿园教师的专业能力也是其专业理念与师德、专业知识和专业行为相互作用的结果。幼儿园教师专业能力的提升是一个渐进的过程，内力和外力的共同作用，加上有意识的规划和适宜的条件等因素，有利于加快幼儿园教师专业能力的提升。

(一)幼儿园教师专业能力的发展阶段

幼儿园教师专业能力的发展过程是一个具有连续性和终身性的过程，可以大致地分为三个阶段。

第一，生成阶段。这是新手教师刚刚走上工作岗位时的能力发展阶段。新手教师将职前教育中习得的专业知识技能在实践中转化为自身的专业能力。

第二，再造阶段。随着教育经验的积累，幼儿园教师的专业能力不断提高，能够应对各种比较复杂的教育情境和教育实践，具有能根据幼儿的需求提供更加个性化和有针对性的教育的能力。

第三，创造阶段。幼儿园教师经过长期的学习、实践，其专业能力达到了较高的水平，具备了通过研究不断创新的能力。幼儿园教师能够根据幼儿身心发展的规律和教育规律，通过自己的研究解决遇到的问题，创造新的更加适宜有效的教育教学方式和方法。

(二)提高幼儿园教师专业能力的途径

幼儿园教师专业能力的提升是多方面因素共同持续作用的结果。既需要不断增加知识基础，也需要内部和外部环境的保证；既需要幼儿园教师的自我学习、反思和提高，也需要同伴的合作教研和互相促进；既需要在职前培养中加强实践取向，还需要接受在职培训和专业引领。

第一，加强知识学习。相关研究显示，人的能力当中有很大一部分是知识概括化的结果。相对于其他教育阶段的教师，幼儿园教师的学历层次偏低，知识功底相对薄弱。因此，幼儿园教师要想提高自身的专业能力就要通过自学、听讲座、接受各种培训等多种形式，来不断拓宽和加深专业知识，为专业能力的提升打好基础。

第二，不断反思和改进。反思能力本身就是教师的一种重要的专业能力。幼儿园教师要不断反思教育中的问题，并努力去探究和解决这些问题。幼儿园教师要不断反思教育实践和教育行为的合理性与适切性，不断寻求调整和改进。通过不断反思和实践，幼儿园教师的专业能力得到提升，反思能力也得到提升。因此，每一位幼儿园教师都要培养反思的意识，不断提高反思能力。

第三，进行园本教研。幼儿园要建立教研的团队，组织经常性、制度化的教育教学研究和培训活动，引领和促进幼儿园教师的专业能力提升。幼儿园教师个体也要积极参与到幼儿园的各项教研活动之中，在与同伴观念碰撞与经验分享中，在幼儿园业务领导和专家的引领下，不断提升自己的专业能力。

三、实现专业发展 ●●●

(一)园本教研

1. 园本教研的内涵

园本教研是"以园为本的教学研究"的简称。它是以幼儿园为研究基地，以园长和教师为研究主体，以幼儿园教育教学实践中的真实问题为研究对象，以促进师生共同发展为研究目的所开展的研究活动，是幼儿园贯彻落实《幼儿园教育指导纲要(试行)》，促进教师专业自主成长、推动幼儿园教育质量提高的有效途径。

2. 园本教研的要素

教师个人、教师集体、指导专家是园本教研的三个核心要素。园本教研强调教师的主体参与和个人反思，强调每所幼儿园作为一个学习型组织在教研活动中的整体作用，强调指导专家在教研过程中的参与式介入与合作。

第一，教师个人——自我反思。自我反思是教师与自我的对话，是开展园本教研的基础和前提。教师通过教育笔记、教养日记、教学反馈的形式进行自我反思。

第二，教师集体——同伴互助。同伴互助是教师之间的对话。园本教研强调教师在自我反思的同时，加强教师之间的专业切磋。教师通过个人反思的分享、求助、交锋、提问会、问题板、案例研讨、观点辨析等形式进行同伴互助。

第三，专家指导——专业引领。专业引领是园本教研得以深化发展的重要支撑。尽管园本教研是在本园展开的教学研究，是围绕本园的事实和问题进行的，但它应当是一种理论指导下的实践性研究，不应当局限于本园内的力量。专业引领的形式多样，可以是学术专题报告、理论学习辅导讲座、教学现场指导以及教学专业咨询（座谈）、研究人员与教师共同备课、听课、评课等。

幼儿园在园本教研中不仅要注重教师个人的反思，鼓励教师之间的互助合作，还要通过集体研讨共同诊断问题、寻找对策、分享经验、挖掘价值。只有充分地发挥自我反思、同伴互助，专业引领各自的作用并注重相互间的整合，才能有效地促成以园为本的教学研究制度的建设。

3. 园本教研的特征

第一，研究问题的本土性与针对性。园本教研是立足本园教学的需求和实践，以解决本园教师在教育教学中遇到的独特、难以解决的问题为目的的教研。

第二，研究人员的群体性与多元性。教研的目的决定了幼儿园教师共同参与的群体性。园本教研只有吸纳各方的有识之士，组成优势互补的教研共同体，尤其是与高校、教研机构以及教育管理部门的合作研究方式，实现优势互补，才能有效地推进教研的进展。

第三，研究价值的现实性与实效性。园本教研追求的是对幼儿园教育实践的改进而不是教育理论方面的建树。幼儿园教师应吸纳和利用各种经验、方法和理论，分析教学中实际遇到的问题，探寻解决问题的决策。

第四，研究过程的开放性与发展性。园本教研的问题来源于幼儿园教育教学的实践，参与研究的教师是在教学活动中边实践边教研的过程中完成的。教师在研究过程中及时吸纳他人的研究成果，紧紧把握时代的脉搏，不断深化认识，提高质量。

4. 园本教研的基本过程

园本教研不同于教师日常教学活动，而是一种研究。园本教研有自己的基本操作过程。园本教研的基本过程包括提出与聚焦问题、设计方案并行动、交流反思。

（1）提出与聚焦问题

这个过程是发现问题和提出初步解决问题设想的过程。园本教研所针对的问题是幼儿园教师自己在教育教学实践中发生的真实问题。需要说明的是，虽然园本教研的问题来源于实践，但并不是实践中的所有问题都可以纳入园本教研的范围。园本教研研究的问题必须具有普遍性，并指向具体而明确的实践，是经过幼儿园教师的思考和反思的问题。只有这样，研究才会有针对性，才会有指导作用，幼儿园教师才会喜欢研究。

(2)设计方案并行动

这是幼儿园教师通过教研共同体之间的对话来寻求最优化的解决方案，选择适宜的研究方式和工具的过程。

通过对话寻求最优化解决方案，是指幼儿园教师彼此之间进行平等、自主的交流，从而使幼儿园教师的相关知识进行重组和建构，最后得出最优化的解决方案。这种对话一般经历三个过程：描述，即对整个教学事件进行真实的描述；澄清，即通过追问等形式，澄清假设和相关观念；质疑，即检验教育观念和理论假设的合理性。值得一提的是，这种对话不仅要贯穿这个阶段，而且要贯穿园本教研的各个阶段，才能最终达到对问题的有效界定和解决。

选择适宜的研究方式和工具，是指幼儿园教师根据自己研究的需要选择适当的研究方式和工具。适合幼儿园教师进行研究的方式或手段有很多，如教学档案袋、教师笔记、案例分析、教学叙事等。在园本教研中，不存在绝对的"最优方法"，只要能达到园本教研目的，就是最合适的方式。

(3)交流反思

交流反思是增强教师的问题意识，进一步挖掘问题背后隐藏的教育理念和困惑，并构建幼儿园教师实践所掌握知识的重要途径。在园本教研中，交流反思有不同的层次，既有单个幼儿园教师的自我反思，也有幼儿园教师团体的反思，还有管理者的反思。

自我反思是指幼儿园教师个体对自己在教育教学中的所作所为以及产生的结果进行审视和分析。教师团体的反思是指幼儿园教师集体对话交流，共同对园本教研的过程进行思维碰撞，重组和建构相关知识结构。管理者的反思是指管理者以管理的视角对园本教研的整个过程进行的反思。

5.常见园本教研形式

第一，骨干教师示范课供其他教师观摩学习。对新手教师而言，专业发展的一个主要途径就是观摩和模仿优秀课例，通过观摩示范课并与执教教师交流，了解上课的基本流程，教师在环节上的设置，语言组织和问题设置等细节问题，从而反思自己的教学活动，在比较和反思中进步。

第二，开展提高新教师业务能力的活动。通过教研员的"引"，幼儿园骨干教师的"帮"等形式，开展"一课多人上，一课一人多次上"的活动，促进新手教师的业务能力，做到课课有研讨，次次有反思。教师们在一次次的教学经历中去找资料，去丰富自己的理论知识，去反思自己的活动，形成一个个成熟的活动方案。可以说，这样的教学活动才是有意义、有价值的活动。

第三，全员示范观摩课，与其他幼儿园相互观摩学习。把优秀教师请进来或走出自己的幼儿园上示范观摩课，在一个更大的平台上交流学习，开阔自己的视野，并依据自己幼儿园的基本情况吸收他人的新方法、新点子，丰富自己的教学活动。

第四，课题研究。"课题"就是要尝试、探索、研究或讨论的问题，是指为解决幼儿园教育教学过程中一个相对独立、单一的问题而确定的最基本的研究单元。我们经常说"立项"，有的人把"课题"称"项目"，实际上"课题"与"项目"既有联系又有区别。"课题"是科学研究的最基本单元，具有较为单一、独立的特征；"项目"是由若干个彼此有联系的课题所组成的一个较为复杂的、带有综合性的科研问题。

近几年幼儿园转岗的教师尤其是青年教师增多，许多教师由于缺乏做课题、写课题计划及论文的经验，认为教育科研是高不可攀、遥不可及的事。因此，进行园本培训，学习怎样撰写课题计划和案例很有必要。

6. 园本教研的新形式

(1)教师研究工作坊

教师研究工作坊是以自由组织性、团队合作性、自然真实性、灵活性为特征的学习研究组织形式。教师自由组合成团队，团队共同选择研究内容，向着共同的目标研究问题，促进自身素质和整个教师团队水平的提升。活动时间和研究主题都是十分灵活并和教育教学实践密切相关，教师之间可以就幼儿园教育过程中形成和遭遇的各种问题进行沟通，及时解决和处理。

教师研究工作坊不限制活动时间，不约束活动次数，可以根据教师自己的计划和安排申请活动经费，幼儿园方面根据申请提供合理支持。这种教研形式灵活自由，没有固定模式，在行动上采取自我管理、自我发展、自行创生和演化，极具生命力。

教师研究工作坊主要活动形式有以下几种。

第一，情景触动式。在实践中，教师受一定具体情况的触动，往往会迸发出灵感的火花，并在活动中受到启发，创造性地开展工作，产生更多见地与感悟。

第二，多点聚焦式。针对教育教学实践中的具体问题，不同的教师从不同的视角提出多种不同的解决方案和见解。这促使教师思考自己的教育教学行为，并尝试在实践工作中进行创新和突破，从而展开更加深入的研究。

第三，持续跟进式。确定一个研究主题，制订研究计划，每实践到一个阶段就进行反思、总结与交流，再进行下一步的研究。每一个研究阶段关注不同的焦点，保障研究的持续开展，确保研究能够真正解决幼儿园实际问题，解决幼儿发展中的疑难问题。

教师工作坊其他的研究方式还有激情创建式、整体联动式、案例研究式、闲暇交流式。

开放多元的研究形式最大限度开发了教师的潜力，促进了教师的专业发展，它是目前颇为流行的一种教师提升自我的方式。与一般的教研形式不同，工作坊除了一人主讲之外，其他的人要在坊主的指导下，通过讨论和活动实践主动地表达自己，从而在某个方面获得知识和能力的提升，教师工作坊讨论的话题更有针对性，是每个参与者感兴趣的。

(2)区域联盟园本教研

区域联盟是指在共同发展与均衡发展的框架下，寻求不同地域、城乡、园际之间学前教育的共同发展。通过联盟的形式实现学前教育优质资源互通与共享，师资队伍的交流与优化，教育投资的互帮与扶持，打造教育品牌的理念，保持质量的提升与共赢。在联盟思想的指导下，创新园本教研形式，区域推进园本教研，为各幼儿园之间的研讨注入新的理念，搭建教学研究的平台，提高教师的教育科研能力和水平，成就幼儿园教师的可持续发展。

区域联盟园本教研方式是幼儿园教师一种新的合作模式，它形成和谐互助的人际关系和学习研究氛围，具有自主性、多元性与开放性、规范性与保障性等方面的优势。

区域联盟园本教研在实施的过程中，首先，要明确研究问题的本质与界限；其次，要利用相关制度解决现实存在的问题，加强幼儿园教师培训，营造科研氛围，提升幼儿园教师的文化层次。

(二)园本培训

1. 园本培训的内涵

园本培训就是为了满足幼儿园和幼儿园教师的发展目标和需求，由幼儿园发起组织，立足幼儿园本身实际开发而进行的师资互动式培训，旨在提高幼儿园整体办学实力和教育质量，促进幼儿园的可持续发展。

2. 园本培训的特点

第一，针对性。园本培训立足于幼儿园工作岗位，培训目标是为了提高教师的教育教学能力；针对不同年龄段、教师特长设置课程；教学内容等均根据幼儿园教师实际要求量身打造。

第二，自主性。园本培训的主体是幼儿园和幼儿园教师，幼儿园和幼儿园教师有充分的培训自主权。

第三，灵活性。园本培训根据幼儿园和幼儿园教师的实际，在内容设置、方法选择、对象组合、时间安排等方面具有广泛的灵活性。

3. 园本培训与园本教研的关系

如果说园本教研是幼儿园日常教研活动的主体，那么园本培训就是临时性的、突击性的培训。如果说园本教研侧重于解决的是日常性的、需要长时间才能解决的问题，那么园本培训侧重于解决的就是那些临时性的、应急性的问题。因此，园本教研和园本培训密切相关、相互配合。很多情况下，有些问题先由园本培训开头，再由园本教研具体落实和检验。

4. 园本培训有效实施的策略

(1) 激发幼儿园教师参与园本培训的动机

动机是一切活动的原动力。幼儿园教师需认识到，参加园本培训不是为了应付园里的任务，而是为了提高自身的专业发展。在实践中，我们发现部分幼儿园教师"说出来"与"做出来"相互脱节，这就表明这部分幼儿园教师虽然嘴上说的是新理念，但不一定就是他自身的观念。所以，要通过园本培训使幼儿园教师认识到自身的问题，并帮助其解决问题，激发教师参与园本培训的动机。

(2) 聘请专家来园讲座

有调查显示，幼儿园教师认为，专家的引领对获取专业理论知识和技能的实效性及增长他们的科研能力最为有效。因此，园本培训不能局限于本园内的教师，还要积极地"走出去"和"请进来"，为园本培训的持续发展提供活力。

(3) 将课程实施与专题培训相结合

新手教师的课程预设能力通常较差，他们会在活动开展的各个环节碰到各种各样的问题。为此，幼儿园应安排有经验的教师帮助新手教师找出问题，提出改进意见；可以组织新手教师学习优秀的课例录像、走进现场，开展具体内容的研讨；还可以开展角色游戏指导方式专题培训，使他们真正理解教育理念。

(4)多种培训方式相结合

新手教师的个性差异明显，不同的教师可能对培训方式有不同的需求，因此多种培训方式相结合才能取得更好的效果。通常而言，交流式培训能营造宽松的氛围，教师能自主、自信地敞开胸怀，讨论问题。不过这种方式较为散乱，不够正式，因此在使用交流式培训时，还应开展研讨式培训。研讨式培训以教研组、年级组活动为载体，以行动研究为主要方式，聚焦教学活动现场，让新手教师有机会共同斟酌教学方式，解决教育上的困惑。此外，案例式培训、对话式培训也是颇受新手教师欢迎的园本培训方式。

(三)行动研究

苏霍姆林斯基曾说过："如果你想让教师的劳动能给教师带来一些乐趣，使天天上课不至于变成一种单调乏味的义务，那么你就要引导每一位教师走上从事一些研究的这条幸福的道路上来。"[1]教师真正的成长不仅仅在于园本教研或园本培训，教师能力的显著提高还体现在教学实践中。行动研究就是教师对教育行为实践、分析、再实践、反思的一个反复过程。

1. 行动研究的内涵

行动研究指的是教师为了提高教育教学实践质量，解决教育教学实际问题而开展的基于反思的研究活动。研究的主体是教师，研究的对象是教师自身的教育教学实践，研究的目标是提高教育教学实践质量，研究的方法是以质的研究方法为主，辅以课堂观察、问卷调查等手段。

2. 行动研究的特点

我国学者刘华良认为，行动研究的特点可以归纳为：参与性、改进性、系统性和公开性。

第一，参与性。教师应参与到研究中，成为研究的主体。

第二，改进性。首先，改进意味着改进教学实践，也可以理解为在教学实践中解决问题。其次，改进意味着改变教师对实践的理解，包括教师的"内隐理论"或"个人化理论"的改变。改进也指变革实践所处的社会情境。

第三，系统性。系统的或持续的探究在行动研究中主要是指系统地搜集资料和

---

[1]转引自乔建中：《教师教育心理学》，95页，合肥，安徽人民出版社，2015。

分析资料，使行动研究具有科学性。

第四，公开性。公开意味着发表自己的研究过程和研究成果，意味着与其他教师或研究者合作，而不是私下的个人化操作。

3. 行动研究的过程

行动研究是一个动态过程，模型虽有所不同但却具有相同的要素。综合国内外学者专家的看法，行动研究的过程大致上是问题确定、情境厘清、行动规划、行动实践、反思检讨、行动评监、行动修正与实践等，直至研究者认为问题已经解决或研究目的已达成，或进入公开发表阶段，并将这一行动研究正式结束。

4. 行动研究促进教师专业发展的策略

教师将自己的教育教学活动作为研究对象，在行动中反思，将自己行动中的知识全部显露出来。教师个人、教师群体以及外部研究人员通过对教师的行动进行系统的观察、记录、分析和交流，使其逐步显性化、可表达化。只有这样，教师才能跳出实践反思，让自己所使用的理论和实践性知识成为被分析的对象，教师的批判反思才有可能。

教师在行动中反思，通常需要以下四个步骤。

第一，行动（实践）。

第二，对行动进行描述：尽量白描，将行动的主体、发生发展的过程等详细记录下来。

第三，对行动的描述进行多次反思：分析自己为什么这样想、这样做，挖掘行动背后的理论。

第四，对行动的描述的反思进行反思：反思自己反思的方式、思维习惯和定式，在技术层面和人际互动层面上进行反思。

行动研究的价值还在于改变教师的专业生活方式，让教师在付出智力劳动时，能够补充知识、提升智慧、强化能力、体验创造之幸福。通过行动研究，教师可以自主学习，在专业上获得更迅速的发展。当从事研究成为一种行动、一种习惯，教师便成为真正的专业教育人员。

▶ 学以致用

简答题

1. 简述如何优化幼儿发展知识。

2. 简述如何优化幼儿保育和教育知识。

3. 列举优化幼儿园教师专业知识的途径。

4. 简述幼儿园教师专业能力的发展阶段。

5. 列举提高幼儿园教师专业能力的途径。

6. 你知道有关幼儿生存发展、保护的法律法规吗？（请举例，至少三个）

7.《幼儿园教师专业标准(试行)》中的通识性知识包括哪些？

8. 幼儿园教师如何进行终身学习？

9. 列举园本教研的要素。

10. 常见园本教研形式有哪几种？

▶ 拓展阅读

1. 安新福、吴碧荣：《利用本园特色，促进新教师专业成长》，载《学周刊》，2017(33)。

2. 曹英梅：《幼儿教师专业化发展探析——基于实践取向》，载《中共山西省直机关党校学报》，2018(2)。

3. 丁婧：《〈幼儿园教师专业标准(试行)〉视野下的幼儿园教师专业发展研究——以苏州市幼儿教师专业发展为例》，硕士学位论文，苏州大学，2017。

4. 范红英：《对幼儿教师专业化成长的几点思考》，载《甘肃教育》，2018(2)。

5. 顾怡：《教育行动研究与幼儿教师专业成长摭探》，载《成才之路》，2018(21)。

6. 李近蓉：《运用信息技术促进幼儿教师专业成长研究》，载《成才之路》，2019(6)。

7. 廖惠君：《提升幼儿教师专业成长与发展的有效策略》，载《课程教育研究》，2019(10)。

8. 刘晓琼：《幼儿教师专业发展的有效策略》，载《教师教育论坛》，2019(2)。

9. 刘仰倩、李海鸥：《近五年国内幼儿教师专业发展研究的热点与展望——基于CiteSpace可视化分析》，载《汉字文化》，2019(14)。

10. 马渝澜：《行动研究与幼儿教师专业成长》，载《读与写(教育教学刊)》，2018(10)。

11. 苏航：《幼儿教师核心素养体系研究》，硕士学位论文，陕西师范大学，2018。

12. 孙丽华、张龙宇：《幼儿教师专业能力发展之路——基于幼儿教师国家级培训的实证调查》，载《中国教育学刊》，2019(2)。

13. 王琳琳:《推进学前融合教育教师专业化发展的困境与建议》,载《现代特殊教育》,2017(20)。

14. 王璐:《"国培计划"背景下农村幼儿教师专业化成长问题与对策研究》,载《才智》,2017(6)。

15. 王滢、康钊:《"互联网＋"背景下幼儿教师专业化发展问题及对策》,载《西部素质教育》,2019(9)。

16. 王雨婷:《浅析幼儿园教师专业标准视野下的幼儿教师素质结构》,载《读与写(教育教学刊)》,2019(7)。

17. 徐红、戴雨婷:《教师专业化视野下幼儿教师分类培养刍论》,载《现代基础教育研究》,2018(2)。

18. 于珍:《美国基于网络、面向课堂的个性化幼儿教师专业发展模型及启示》,载《现代中小学教育》,2018(10)。

19. 张彩霞:《以园本教研促进教师专业化发展》,载《学周刊》,2017(1)。

▶ **基础练习**

单项选择题

1. 幼儿园教师关爱幼儿,尊重幼儿人格,富有责任心、耐心、细心和(   )。

A. 爱心　　　　　　　　　　B. 尽心

C. 热心　　　　　　　　　　D. 同情心

2. 幼儿园教师要了解关于幼儿生存、发展和(   )的有关法律法规及政策规定。

A. 成长　　　　　　　　　　B. 生理

C. 心理　　　　　　　　　　D. 保护

3. 按知识的功能出发,幼儿园教师的知识结构包括本体性知识、实践性知识和(   )。

A. 已有知识　　　　　　　　B. 条件性知识

C. 结构性知识　　　　　　　D. 经验性知识

▶ **实践训练**

训练一

结合自身实际,总结个人目前的专业发展阶段状况。

训练二

谈谈你对幼儿园教师职业的理解，结合自身目前的情况，分析自身专业发展中存在的主要问题。

训练三

结合本单元内容，制订一份属于自己的专业发展计划。

·第五单元检测题·

▶第六单元
▶幼儿园教师道德修养与专业发展的基本保障

▶单元导入

　　人存在于社会中，其行为必然受到宏观、中观、微观因素的影响。现代社会是一个多元化的集合体，社会事务的特点是分工合作。每个人的发展都依赖于他人和集体，幼儿园教师也不例外。教育的对象是人，教育事业说到底是人的事业。无论是从幼儿园教师专业发展的角度，还是从幼儿园可持续发展的角度，关注幼儿园教师在职业生涯过程中道德修养和专业发展的问题都是至关重要的。在幼儿园教师职业生涯的各个阶段，明确专业发展中的问题、特征与规律，并针对问题进行深入分析，探寻幼儿园教师专业发展的保障措施，是当前我国幼儿园教师教育领域需要解决的重要课题之一。

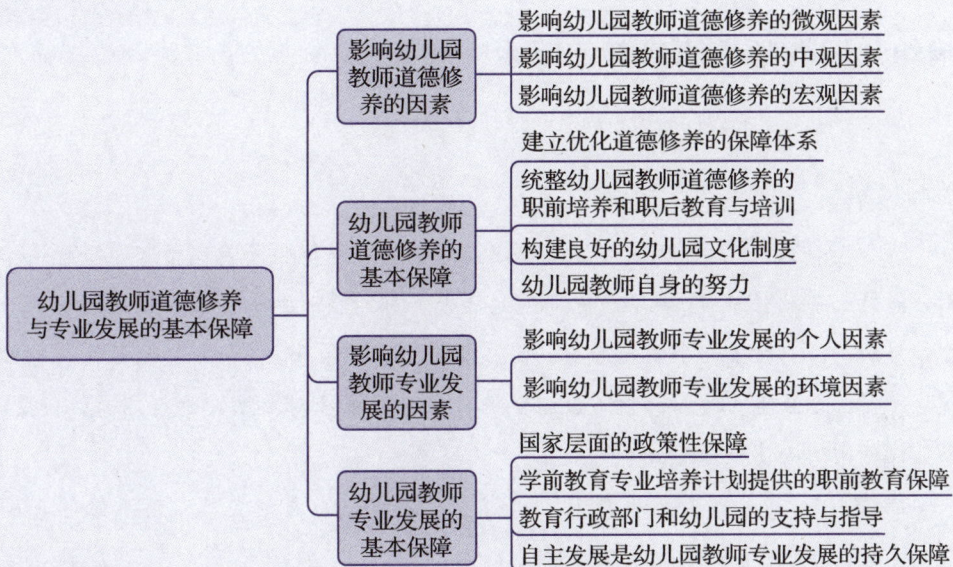

1. 理解影响幼儿园教师道德修养的因素。

2. 理解幼儿园教师道德修养的基本保障。

3. 理解影响幼儿园教师专业发展的因素。

4. 掌握幼儿园教师专业发展的基本保障。

悦悦今年五岁，正在上幼儿园中班。最近几天，悦悦的妈妈发现悦悦总是一个人发呆，看上去闷闷不乐的样子。悦悦的妈妈担心孩子在幼儿园受到欺负，再三追问下，悦悦才断断续续地说出了真相。

"老师给我梳头的时候说，让我把辫子扎紧点，要不就剪成短发。"

"我感觉老师有点儿凶。"

悦悦的妈妈想到之前每次放学看到悦悦的发型都不大一样，分明是老师重新梳了一遍的，当时她还觉得老师既细心又负责任，很关心学生。悦悦的妈妈以前接触过幼儿园教师这个职业，知道幼儿园教师的难处，但却从没想到梳辫子这件事会对孩子造成影响。

第一讲

影响幼儿园教师道德修养的因素

头脑风暴

萍萍老师最近总是失眠。她说，最近心情不好，总觉得所有事情都在跟自己作对，做什么都没有兴趣。她虽然告诉自己不能把坏心情带到幼儿园，但还是不由自主地发脾气。有时候，小朋友犯了一点小错误，她就忍不住发火。她很后悔，也知道这不是一个合格的幼儿园教师应该做的，觉得不应该对小朋友这么粗暴。但是，幼儿园教师的心情不好怎么办呢？

思考：1. 幼儿园教师也是人，也有喜怒哀乐，当遇到自己心情不好时，应当如何控制自己的情绪？

2. 幼儿园教师将不良情绪带入教室会给幼儿带来什么样的负面影响？

促进幼儿园教师专业发展，培养优秀的幼儿园教师，是满足社会对优质学前教育资源需求的前提性保障。幼儿园教师必须具备较高的保教水平与深厚的职业道德素养。在教师队伍建设过程中，片面、功利化的幼儿园教师专业发展的直接后果是职业后劲不足和师德严重滑坡。丢掉道德层面的幼儿园教师专业发展是片面的发展，是不完整的发展。促进幼儿园教师可持续、健康的专业发展，道德修养是关键。

教师道德修养的形成、发展和变化受个体一般道德发展水平和社会环境因素的双重制约。幼儿园教师道德修养是在解决道德冲突中渐次发展起来的，其基本轨迹是由他律向自律的转变。影响幼儿园教师道德修养的因素是复杂的、多方面的。有幼儿园教师自身存在的问题，也有幼儿园常规管理上的缺失，还有社会环境的影响。幼儿园教师道德修养的影响因素主要包括宏观层面的社会环境、中观层面的幼儿园管理文化和微观层面的教师个体因素。对这些影响因素进行分析，有助于我们更深入地认识幼儿园教师道德修养在专业发展过程中的意义，提高幼儿园教师专业发展水平。

一、影响幼儿园教师道德修养的微观因素 ●●●

(一)幼儿园教师道德修养意识模糊

幼儿园教师道德修养意识模糊，主要表现在两方面，一是幼儿园教师缺乏对道德修养的认知，二是幼儿园教师对道德修养的敏感性低。

1. 幼儿园教师缺乏对道德修养的认知

幼儿园教师道德修养认知缺乏是指对幼儿园教师道德修养概念和内容认识不清。由于幼儿园教师专业水平参差不齐，有些幼儿园教师并不了解应该遵循哪些道德规范和准则，更谈不上从道德修养的角度来考量自己的实践行为。因此，这些幼儿园教师并不能根据专业道德来进行专业判断，无法意识到道德修养在自己专业活动中的意义。幼儿园教师往往把道德修养简单地看作关于活动开展和纪律维持方面的事情。

针对部分幼儿园教师经常向幼儿讲一些不太适宜的话的现象，有学者向一位幼儿园教师提问："有的时候，教师对幼儿会说一些不太适宜的话，您认为是什么原因造成的?"该老师回答说："现在的孩子，你不给他点颜色看看，他会爬到你头上去的。你讲很多遍，让他们安静，可就是不行，没办法就只能如此做，这样他们才听你的。"这是幼儿园教师缺乏对道德修养的认知的典型表现。在工作实践中，他们对一些教育现象更多的是反应而不是反思，更多的是感性而不是理性。幼儿园教师提高音量对幼儿说话，或者说一些不太适宜的话，收到的直接效果就是幼儿听话，纪律得到了整顿，仅此而已。

2. 幼儿园教师对道德修养的敏感性低

道德心理学中对道德敏感性的高度关注始于美国学者雷斯特，他提出了道德行为的四成分模型。该理论认为道德行为发生之前至少包括道德敏感性、道德判断、道德动机和道德品性四种维度，道德敏感性居于首位。雷斯特的研究并不局限于专门的职业道德，而是不分职业背景的一般道德敏感性研究。这种一般的道德敏感性被理解为对工作情境的领悟和解释能力，即敏感地认识到这是个道德问题。西方学者此后对于道德敏感性的研究多是结合不同的职业背景进行的。将道德敏感性的概念引入学前教育专业，与幼儿园教师职业道德结合起来，就有了幼儿园教师道德修养敏感性概念。

幼儿园教师的道德修养敏感性，是幼儿园教师对幼儿园一日生活中蕴含的道德元素的领悟和解释能力，这种对幼儿园一日生活中道德成分的觉察和识别能力是幼儿园教师职业道德行为产生的心理逻辑起点。在幼儿园教育活动中，幼儿园教师要明确意识到自身所有行为潜在的道德信号，及时阻止不合道德规范的行为或者语言。如果幼儿园教师觉察不到情境信息中的道德因素，就会在对待幼儿时有很大的随意性，意识不到自己的行为违反了幼儿园教师职业道德要求。

> **相关链接**
>
> ### 为教师办好六件事
>
> 　　2018年3月3日下午，全国政协十三届一次会议在北京人民大会堂开幕。教育部党组书记、部长陈宝生第一个在"部长通道"接受记者采访时指出，让教师成为令人羡慕的职业，我们要办好六件事。
>
> 　　这六件事是"一提、二改、三育、四用、五保、六尊"。
>
> 　　"一提"就是提高地位、提高待遇。
>
> 　　"二改"就是改革教师编制配备制度，改革教师准入和离职制度。
>
> 　　"三育"就是要振兴师范教育，培育未来的教师，培训现有教师，培养适应现代化建设、担当民族复兴大任的教师队伍。
>
> 　　"四用"就是提高教师地位和待遇，使用他们，给他们压担子、指路子、出点子、给位子、发票子，让他们有实现自身价值的机会。
>
> 　　"五保"就是一保障、二保护，提供经费保障、保护教师的合法权益。
>
> 　　"六尊"就是全社会要提倡尊师重教，重振师道尊严。

（二）幼儿园教师整体专业素养参差不齐

教师不同于一般职业，他们面对的是人，是一个个具有无限可能的生命体。如果我们承认家庭生活的私有性，那么幼儿园生活就是幼儿走向社会的第一站。幼儿园教师不仅传授幼儿基础性知识，为未来的学习做准备，还会对幼儿人格的形成产生深远的影响。因此，幼儿园教师需要经过系统的师范教育，逐步形成具有专门性、指向性和不可替代性的专业素养。但是，随着近年来对学前教育需求的增加，虽然各地加快了建设普惠性幼儿园的步伐，但仍难以在短时间内解决幼儿园教师数量不足的问题。

在刚性需求背景下，为了满足市场的需要，获得利益，部分幼儿园在教师招聘过程中，降低了幼儿园教师的准入门槛，没有经过专业培训的社会人员开始进入幼儿园教师队伍。准确地说，这些没有取得幼儿园教师资格的人员并不能被称为教师，更谈不上教师道德修养。正是由于该类人员的存在，一定程上拉低了幼儿园教师队伍的专业素养。由于幼儿园工作压力大，部分从业人员容易出现情绪暴躁的现象。幼儿园教师队伍整体专业水平参差不齐，致使幼儿园教师的专业化程度也参差不齐，容易诱发幼儿园教师失德行为。

相关链接

幼儿园教师在处理问题的时候，可能会存在三种假定，模式假定(我是权威)、规范假定(幼儿应该是听话的)以及因果假定(如果、那么)。这三种假定具体到幼儿园教师职业道德维度，会带来一些问题。缺乏职业道德引领的幼儿园教师在职场中的行为与交往方式等自然就流于经验、习俗，缺乏道德理性。

二、影响幼儿园教师道德修养的中观因素 ●●●

（一）幼儿园教师道德修养培训落后

当前，各级师范院校学前教育专业均有开设幼儿园教师职业道德方面的课程，在幼儿园教师职前教育中进行专门的道德修养教育。幼儿园教师资格考试也将职业道德内容纳入其中。但是，在教育界，教育理论与实践相脱节的问题一直为人们所诟病，这也是制约教育发展的顽疾之一。师范院校的道德修养教育是在远离幼儿园场域中进行的，内容的陈旧与案例的滞后姑且不论，从文本到文本的道德修养教育无法适应幼儿园真实生活情境的需求。

各级教育行政部门对幼儿园教师职后培训的方式多种多样，但是培训的目标多是注重幼儿园教师学历的获得，注重幼儿园教师专业知识的获得与职业技能的提高，缺乏有针对性的道德维度的培训。一些幼儿园为了追求"特色"的发展，对幼儿园教师培训的主要内容是与幼儿园特色相符的业务能力，如蒙台梭利教学法、奥尔夫音乐教学法等。这些培训主要是为了让幼儿园教师能够承担相应的"特色"教学工作，充其量只能是业务修养，是教师业务的专业发展，是专业发展与道德修养的割裂。

在幼儿园教师职后培训中，由于缺少关于专门的道德修养内容，幼儿园教师不了解道德修养相关知识，致使道德修养意识模糊，缺乏提升道德修养的主动性。幼儿园教师的职后培训应该加入教师职业道德修养的内容，既可以对幼儿园教师进行专门的道德修养培训，又可以将职业道德融入专业知识与专业技能技能的培训过程中。如果在培训的实施中能够形成知识、技能、职业道德的有机统一，幼儿园教师就会受到潜移默化的熏陶，有助于在真实的情境中恰当地处理问题，并逐渐形成习惯，将外在的道德规范转化为内在德性。

(二)缺乏对幼儿园教师职业道德行为的评价和监督

当前，无论是职称晋升，抑或是评先评优，幼儿园教师评价制度都侧重于对知识水平、学历层次和教学技能的评价，忽视幼儿园教师的职业道德。这不仅是道德评价难以量化评价造成的，还是教育行政部门缺乏师德为先的用人意识造成的。

在幼儿园教师的评价与考核中，往往会忽视幼儿园教师行为的道德价值维度，或者纸面上排在第一位，操作中被忽视。例如，各级教育行政部门评选优秀教师、先进教育工作者时，会有一系列的指标可供参考，如教学技能、教案撰写、科研成果、出勤率等，虽然由于地域因素而存在着指标差异，但大同小异。不过，幼儿园教师的职业道德修养在评价指标中虽然被放在第一位，但无法量化，难以评价与监督。幼儿园教师作为普通人很难超越制度规训，评价制度所产生的现实利益会直接影响幼儿园教师的专业判断。

相对于幼儿园教师职业道德的评价制度，其监督制度的优化似乎更为困难。幼儿园教师工作具有相对的独立性与自主性。教室是一个独立的空间，教师在教学时间内拥有工作上的自主性，其他人很难干涉。

幼儿园教师职业道德评价必须将评价结果纳入本人档案，做到多方位、多渠道、持续性评价，奖惩结合，张弛有度，使幼儿园教师职业道德真正受到幼儿园教师的重视和实践。

相关链接

在一项针对幼儿园教师的评价问题进行的访谈中，研究者问一位老师："您所在幼儿园对教师的评价中有关于幼儿园教师职业道德方面的内容吗？"

该老师回答："基本上没有。"

研究者进一步追问："那一般都会有哪些内容呢？"

该老师回答："发表的论文，上公开课获奖，在各种比赛中获奖，还有学历。"

三、影响幼儿园教师道德修养的宏观因素 ●●●

随着时代的发展，人类已经在物质财富领域创造了足以傲视前人的成就。不仅如此，信息高速公路和社会主义经济持续发展极大改善了人民生活水平。然而，市场经济的突出特点是追求利益和实现价值，必须要在遵循经济规律前提下加强法律和道德的制约，使它正常运行。社会主义市场经济体制为教育发展提供了良好的条件，但教育面向的是社会，教师不能脱离社会的大环境，幼儿园教师道德修养与其他社会道德一样，必然会受到市场经济负面因素的影响。

受到宏观环境中不良因素影响，部分幼儿园迫于现实生活的压力，过于注重经济上的得失，忽视了自身职业的崇高性，在职业道德修养的过程中降低了对自身道德修养境界的要求。个人的道德修养依靠社会运作中的公序良俗。因此，要想形成统一的幼儿园教师专业伦理规范，在社会大环境获得逐步净化的基础上，进一步形成以幼儿园教师服务幼儿、责任意识为宗旨的现代幼儿园教师职业道德的思想基础和社会基础，就要将传统的道德规范与现代幼儿园教师职业道德顺利衔接。

▶ **学以致用**

简答题

1. 简述幼儿园教师道德修养意识模糊主要表现在哪些方面。

2. 简述影响幼儿园教师道德修养的中观因素。

3. 简述影响幼儿园教师道德修养的宏观因素。

第二讲

幼儿园教师道德修养的基本保障

头脑风暴

幼儿园某教师个人研修计划

为了不断提高自身的教育教学水平和业务素质，幼儿园某教师不断地学习和完善专业技能，提高自身综合素质，特制订个人年度研修计划。

一、读书学习

第一，阅读有关幼儿园教育实践与反思的书籍，树立终身学习的观念，不断更新知识，一专多能，使教学工作达到博、深、新的程度，丰富自己的知识，开阔自己的视野，以先进的知识结构提高教学质量，做到勤业多能。

第二，认真学习《3—6岁儿童学习与发展指南》，领会其精神，用新的思想指导新的工作，理论结合并指导实际，适应幼教发展的新的局面。

第三，每周阅读《幼教名师成长案例解读》《幼儿教师专业化成长》。

二、专业能力与专业技能

第一，能理论联系实际，加强文字功底，把理论和实际紧密结合，制订研究的计划，及时进行阶段性的反馈。

第二，提高弹琴、绘画、普通话、书法等基本技能水平。

三、教育研讨

第一，积极参加各类培训，不断反思总结，提高自身素质和专业水平。

第二，积极参加各种教育教学活动，及时总结经验和教训。

四、课题研究与专业写作

定期撰写心得体会，撰写关于学前教育的论文、课题、优秀教案。

思考：1. 这位幼儿园教师是如何提高自身教育教学水平和业务素质的？

2. 除了制订研修计划提高自己专业水平之外，还有哪些方式和途径提高幼儿园教师道德修养呢？

在实际工作中，幼儿园教师道德失范行为的出现与相应的保护措施有较大的关系。保证幼儿园教师道德修养的良好发展，建构强有力的保障体系，才能避免道德失范行为的发生。

一、建立优化道德修养的保障体系 ●●●

(一)保障幼儿园教师的合法权益

幼儿园教师是一个情感投入高的职业，其道德修养水平在很大程度上表现为他们对所从事的教育工作的热爱。社会充分肯定幼儿园教师的劳动价值，确立该职业在社会各行业中的地位，以国家和社会的标准认同自己的专业角色，认同、内化并遵守该专业所要求具备的职业道德，才会更好地激发和保护他们的爱岗敬业精神。部分幼儿园教师面临着工资低、住房、医疗和养老保险等基本的生活保障缺失问题，要严格按照《中华人民共和国教师法》和相关法律规定，加大对教育的投入，落实"三个增长"，确保"教师的平均工资水平应当不低于或者高于国家公务员的平均工资水平，并逐步提高"。

中共中央　国务院关于学前教育深化改革规范发展的若干意见(节选)

(二)完善幼儿园教师的职业准入制

1. 加入道德修养考量

目前，我国幼儿园教师聘用制度尚不健全，应强化幼儿园教师聘用的规范性，建立完善的幼儿园教师聘用制度。《中华人民共和国教师法》中规定学校和各级各类教育机构应逐步实行教师聘任制。虽然说该条法律关于聘任制的实施和解聘规则中都涉及了教师的职业道德和道德修养，但是对教师聘任的要求与程序都并未做出明确规定，教师解聘的原因不够具体明确，解聘的程序规定更是处于空白状态。大部分的乡镇幼儿园持有幼儿园或小学以上教师资格证书的工作人员屈指可数。法律法规及相关制度不健全及执法不严，导致了幼儿园教师聘用过程的随意性与教师任用的不规范性，幼儿园教师队伍良莠不齐。因此，聘用幼儿园教师时，尤其要把师德或者是相关学科列入教育学科的考核范围，并且要完善幼儿园教师聘用制度，提高任用标准和健全相关的法律条规。幼儿园教师要按照严格的师德要求规范自己，从而保障道德修养的顺利进行。

2. 加强道德修养考量的力度

幼儿园教师资格标准的建立是幼儿园教师资格制度的核心内容，它可以指导教师专业化进程向着预期的目标发展。这一标准不仅是对幼儿园教师入职的基本要求以及幼儿园教师专业属性的体现，也应体现对幼儿园教师基本道德素养的规定，使幼儿园教师以及社会各界人士共同关注和重视师德。在幼儿园教师资格标准的制定过程中，国家应组织有关部门或专家通过长时间的实地调查和科学研究，在真正了解和掌握幼儿园教师工作特性的基础上，广泛征求幼儿园教师意见和建议，总结归纳幼儿园教师所需具备的核心素质和专业能力，结合幼儿园教师资格考核具体工作的要求，形成一个全面、科学、专业的幼儿园教师资格标准。那么，其中一个不容忽视的因素就是幼儿园教师的道德修养。这不仅是由幼儿园教师的专业构成所决定的，也是由幼儿园教师道德失范现状和幼儿保教的重要性所决定的。幼儿园教师的工作具有全面性和细致性的特点，这些都体现在幼儿园教师

教师资格认定申请的基本条件

的专业道德修养中。因此，在幼儿园教师资格考核中增加专业道德修养的内容，不仅是幼儿园教师专业化发展的必然要求，也是幼儿园教师所应具备的专业素质和核心能力的全面体现。

二、统整幼儿园教师道德修养的职前培养和职后教育与培训 ●●●

幼儿园教师道德的意识不会自发形成，道德失范行为也不会自发改变，它们常常是在外力刺激与作用下逐渐发生变革的。道德修养的"他律性"和"知行统一"的特点决定了对幼儿园教师进行师德教育与培训的重要性。

(一)重视幼儿园教师道德修养的职前培养

幼儿园教师的道德修养受到认知程度、教育实践、专业发展水平、特定的社会时代等许多因素的影响。形成认知、养成信念是职前阶段的第一步，在道德修养的养成中起着基础性的作用。这就要求在职前培养阶段幼儿师范院校必须主动负担起培养、提升学前教育专业师范生的道德修养认知责任，加强对学前教育专业师范生的师德教育，因为学前教育专业师范生只有在具备道德认知、情感和意志的基础上，在进入现实的教保场景时，才能对自身责任与义务有更为深切的感受，进而从中强化自身的职业使命感。然而，传统的幼儿师范教育往往采用的是强调学生智能发展的模式，重视幼儿师范生获得专业知识和技能。因此，现代幼儿园教师的教育和培

训应向智能与情境培养相结合的方式转变。[1]

首先，在课程设置中要体现幼儿园教师的道德修养教育课程所应有的地位，并在其他课程中融入道德修养教育思想。幼儿园教师的道德修养基本素质培养依托于课堂的教学活动。大学通修课程、教育专修课以及活动课程是学前教育专业师范生养成教师道德修养的主渠道。

其次，在非教学或跨教学过程中培养幼儿园教师道德修养。非教学、跨教学也是教师道德修养形成过程中不能缺少的一部分，内容包括"隐性课程"的教育环境和教育活动，还包括对准教师们间接地起到影响作用的那些因素，如校园文化、社会实践、科研活动、课余生活、专业实践等。学校的教育环境就是一门"隐性课程"，任何身在其中的学前教育专业师范生，其道德品质情感意志、价值观和行为等都会受到学校教育环境潜移默化的影响。一个重视师德的学校，一个有良好的教育环境和形象的学校，会令人时刻感受到它的存在以及它透射出来的那种独特的校园感染力、凝聚力以及震撼力，能够激发起学生们崇高的情感和进取精神。因此，在学前教育专业师范生道德修养的培养中，校方要注意校园环境和学校形象建设的重要性，创建良好育人环境，树立积极进取、蓬勃向上的学校形象。

最后，一定要抓好教育见习、实习环节，在各类实践活动中给学前教育专业师范生提供角色体验的机会，强化幼儿园教师的角色意识。幼儿园教师的角色意识是指幼儿园教师针对相应的社会角色规范的认同和体验。学前教育专业师范生通过对幼儿园教师的角色认识和角色体验，形成幼儿园教师的角色意识。只有形成明确的角色意识，幼儿园教师群体才能够形成符合社会要求的专业行为规范，也才能不断地调节、完善自己的专业素养行为，取得社会的认可。

(二)加强幼儿园教师道德修养的职后教育与培训

幼儿园教师道德修养的教育与培训应该贯穿教师职业生涯的始终。幼儿园教师道德修养的职前培养虽然可以直接解决个体的师德认识，但是却不能很好地解决幼儿园教师的道德修养的实践行为。幼儿园教师的道德修养培训是道德修养持续发展的内在动力。因此，我们要加强幼儿园教师道德修养的职后教育与培养。

2020 年"国培计划"幼师国培项目实施方案

以前人们习惯把教师在职进修称为在职培训，现在这一概念已经受到质疑，

---

[1] 教育部于 2021 年 4 月 6 日发布的《学前教育专业师范生教师职业能力标准(试行)》将"师德践行能力"放于首位。

认为"培训"的概念与内涵过于狭隘，不能正确反映教师在职进修的意义，主张用"教师教育"代替"教师培训"。因为"培训"经常强调通过短期的学习过程获取教育技能和方法，而"教育"强调通过提供完整的、连续的学习经验和课外活动来改进教师专业的、学术的和人格的发展。如今我们不仅要注重教师人格的发展和职业道德修养的提高，更要致力于幼儿园教师良好品格和道德修养的教育，使幼儿园教师能够成为"良师"。但是，由于在职幼儿园教师对教育工作有了许多感性的认识，在紧密结合工作的实际的同时，我们还要采用灵活多样的方法进行在职幼儿园教师的道德修养教育。例如，第一，树立榜样。我国有着悠久的历史，树立榜样有助于幼儿园教师在工作岗位上树立起奋斗、学习的目标。第二，改变培训方式，注重幼儿发展。我国目前的在职教育与培训更多的是灌溉式培训方式，按预先设置的培训内容照本宣科，要想使道德修养得以提高，就必须改变这种传统的培养模式。第三，结合反面事件及时进行教育。幼儿园的保教工作中，有时存在有违道德修养的行为，培训者可以利用反面事件对幼儿园教师培训，对这些事件进行讨论、总结，让幼儿园教师对这些行为有正确的认识。第四，道德修养教育要与一般的伦理道德教育进行结合。弗兰克纳认为："只有在理解了某种道德观点和道德方式之后……才能进一步接受一系列更为具体的规则和美德并作为应用或实现基本理想的手段，并按这种方式继续下去直至成为一个'道德上的好人'或一个完全自主的道德主体。"[①]对幼儿园教师道德修养职后的教育与培训，必须要注意道德修养与个体一般伦理道德水平的不断变化，从而将道德修养教育与一般伦理道德教育进行融合。第五，要长期坚持。当前的道德修养职后教育与培训，存在"师德教育一阵风"的问题。事实上，教师道德修养的培养以及专业的道德品质的形成并不是一蹴而就的，而是一个反复的、逐步提高的过程。所以，对于幼儿园教师道德修养的教育与培训不能过急，也不能奢望毕其功于一役。必须要从小处着手，有计划地进行，使幼儿园教师的道德修养水平逐步提高。

三、构建良好的幼儿园文化制度 ●●●

为提高幼儿园教师的道德修养水平，幼儿园应加强相关的管理建设、监督建设、评价建设、激励建设等。从某种意义上讲，文化就是一种强大的制度。幼儿园文化是一种隐性的力量，也是幼儿园教师进行精神建设的一种不可忽视的制度

[①] 戚万学：《冲突与整合——20世纪西方道德教育理论》，497～498页，济南，山东教育出版社，1995。

化的力量。

（一）建立人本位的管理机制

幼儿园教师群体常常对专业生活世界有着细腻的感知和体验，既可能因为点点滴滴的挫折而消沉，也可能因为只言片语的鼓励而奋发向上，因此要想让幼儿园教师充分展示自我，就要先为其创设一个良好的道德修养文化氛围。幼儿园道德修养文化的塑造表现为一种人文精神的存在、一种博大的人文关怀。幼儿园在各方面尊重每个幼儿园教师的自主、权利与自我价值，鼓励自我实现，这是幼儿园道德修养文化氛围形成的关键，也是有效保障与建设教师道德修养的首要条件。在教师道德修养领域中，自古以来就是强调自律、集体利益。因此，在道德修养建设中植入以人为本的理念，是前所未有的新境界。以人为本的教师道德修养理念体现在道德修养生成的实践中就是要以教师的发展为本，它以鼓励教师的自主发展为旨趣，以爱为核心，以理解人、尊重人、信任人为趋向，让人们重新认识新时代的教育本质特征和职业特征，反映了新时代的人文精神。幼儿园教师是道德修养的主体，但其成为主体不是自然形成的，需要各种机制的保障。为此，要为幼儿园创建富有人文关怀的管理制度，而人本管理意味着管理者要为幼儿园教师营造一个民主、和谐、温馨愉快的环境，并为每一位幼儿园教师提供自我实现的机会，旨在让更多的幼儿园教师在工作中能够获得成就感和自豪感。要提升教师的道德修养水平，就必须从指导教师道德修养转变为为提升教师的道德修养水平提供服务和支持，为其创设多元化的发展空间。幼儿园教师的专业发展不仅要注重事务性工作，还要加强道德修养素养的培养。在事务性工作和道德修养能力的培养过程中，幼儿园教师可以反思自己的经验，与其他教师进行活动设计方面的交流，自由地表达自己的观点。在这样的环境中，幼儿园教师会有一种成就感、满足感，其自身的专业发展也得到了提升。

总之，在这样的人本管理和人文环境的熏陶下，幼儿园教师置身于被关爱、被理解、被信任、被尊重的园所氛围中，内心中流淌的就会是喜悦与信任，教育中涌动的就会是爱心与尊重，教学中点燃的就会是激情与智慧，他们会以高度的热情投身到自己的工作中，尽情施展自己的才华。

（二）建立伦理本位的激励、评价制度

要想保障幼儿园教师道德修养职后教育与培训的顺利执行，还需要对教师现实中的伦理行为进行适当的管理和引导，这就要建立健全幼儿园教师道德修养的激励、评价机制。我们可以从两方面入手来保证这种激励、评价机制运行的有效性。一是把幼儿园教师道德修养的评价结果与对教师的奖励结合起来,由相关教育行政部门负责领导,制定评价标准。相关教育行政部门定期组织教育专家和优秀教师代表,结合社会、幼儿、家长等评价主体的反映,对幼儿园教师的道德修养行为进行评价,写出评价结论。二是对于评价激励标准的制定,要按照全面性和科学性相结合的原则制定。不仅要对幼儿园教师工作业绩和教学成果进行评价和激励,而且还要考虑教师的道德修养、教师的工作态度等;对各方面因素进行综合衡量;按照民主的原则,对评价结果进行量化,做到公平、公开、透明,并把这种评价结果作为奖惩的依据。宏观上,要把幼儿园教师道德修养践行状况列入先进幼儿园评比和个人晋升、提薪以及任用与否的范围之内。对那些在师德方面做出贡献的教师,应及时给予激励,可以是精神鼓励,也可以是物质刺激,目的是肯定他们的成绩与价值,从而有效地激发教师的热情,让他们做好本职工作。对于专业伦理表现不良者,要依照一定的程序对其进行批评教育,帮助其改正;情节恶劣且不思悔改者,要依照一定的程序予以解聘,以保障幼儿的利益。

(三)健全监督机制

幼儿园教师道德修养的形成除了要有人本位的管理作为基础,科学的激励、评价制度作为动力之外,还必须要有健全的监督机制作为保障。缺乏监督,道德修养就无法形成一种内在的自觉;缺乏监督,道德修养的建设就容易流于形式。因此,幼儿园教师道德修养的形成必须有完善的监督机制,以制约和规范教师的决策和行为。

中共中央 国务院
关于学前教育深化
改革规范发展的
若干意见(节选)

以幼儿园教师团体内部的监督为主,实行他律与自律相结合,团体内部监督与社会监督相结合,建立专门的监督机构、监督网络,让家长、同事以及社会通过多种形式对幼儿园教师的保教工作、道德修养态度和行为进行评价,营造道德修养形成的良好监督氛围,让幼儿园教师逐渐将外在的监督行为转化为内在的伦理修养行为。①

具体做法为:第一,成立独立的、专门的监督机构。监督机构要保障监督主体的实权,使其不受制于园长或上级领导,有必要成立独立的、专门的监督机构。

---

① 参见陈元魁、周德义、何一成:《当代高校教师素质建设的理论探索》,259~270页,北京,高等教育出版社,2009。

机构人员构成要具有广泛性和代表性，既应包括相关部门领导层的工作人员，也应包括幼儿园教师、家长以及社区工作人员，由上级教育行政部门实行垂直领导，并赋予一定的权利。对于幼儿园教师的伦理缺失行为，情节较轻者，监督机构可给予批评教育，责令其改正；情节严重且不思悔改者，监督机构有权向上级汇报，并做出合理的处置。此外，上级教育行政部门要定期检查幼儿园监督机构的工作情况，公开监督结果和处理意见，要追究监督主体监督不力的责任。第二，拓展监督渠道，构建多元监督网络体系。我们要调动各方面的力量构建多元监督网络体系。教职工代表大会具有监督的职能，可以对幼儿园教师的决策及行为进行监督；幼儿家长参与的主动性较强，对教师的行为、决策以及幼儿园的各个方面都可以发挥监督作用，因此应重视家长委员会的作用，为家长提供参与幼儿园民主管理和监督的渠道。监督主体既可以通过组织参加幼儿园的各种工作会议、检查工作发挥监督功能，也可以通过设置投诉信箱、开通举报电话、建立网络平台等多种形式发挥监督作用。

四、幼儿园教师自身的努力 ●●●

幼儿园教师是幼儿保教活动的直接参与者和实践者，是师德规范所要求的行为主体，是幼儿成长的引路人和指导者。幼儿园教师只有改善道德修养缺失现状，自觉加强伦理修养，由衷热爱幼儿教育事业，才能提高自身的伦理修养。具体策略包括以下五个方面。

(一)提高自身专业认同

20 世纪末，凯尔克特曼提出了教师"专业自我"的概念，他认为教师的专业自我是指教师自身对自我从事教育工作的感受、接受和肯定的心理倾向，这种倾向会影响教师的教学行为和教学工作的效果，还将影响教师专业认同的形成和发展。因此，幼儿园教师必须确立专业自我，提高自身的专业认同。幼儿园教师要想确立专业自我，就一定要将自我认识、感知、理解与专业知识相融合，在专业知识中找寻自己的价值，在专业活动中积极构建自己，明确自己的定位。幼儿园教师更要从保教活动实践中充分认识学前教育专业的本质和价值，确定实践工作的专业性，提高对工作的喜爱程度，如此一来才可以为专业认同的发展和提高打好基础。

相关链接

职业认同：教师成长的内动力

南京师范大学附属中学语文老师王雷这样比喻教师的"职业认同"：三个建筑工人造房子，有人问他们在做什么。第一个人回答，我在造房子；第二个人回答，我在挣钱；第三个人回答，我在建造最美丽的建筑。与之类似，教师也一样，有人只看到了工作本身，觉得自己就在做教师；有人做教师是为了谋生，为了挣钱；也有人把教师看作人类灵魂的工程师。第三种才是从内心里对工作认同，看到了工作过程中的意义和价值。王雷说："能不能发现工作的意义和价值，对工作热情、创造性、积极性的发挥都很重要，否则就可能成为贩卖知识的工具。"①

　　幼儿园教师要对自身有信心，善于发挥自己的特长，肯定自身的工作表现。长此以往可以提高职业满足感和成就感。幼儿园教师还要在思想观念上充分认识角色的特殊性和实践难度，增强幼儿园教师的角色意识。只有充分认识自身职业的特殊性，并加以重视，幼儿园教师才有可能在长期琐碎、特殊的教育工作中，自觉改进自己的教育行为，随时改正自身的不当做法。而且，只有充分认识到幼儿园教师角色的特殊性与实践难度，社会、家长、幼儿园领导和幼教理论工作者才能更好地支持幼儿园教师、理解幼儿园教师，做到真正地尊重幼儿园教师。幼儿园教师也可以以此来提升自己的专业形象和素养。专家研究发现，幼儿园教师这个职业面临着非常大的职业压力，这直接影响幼儿园教师对学前教育专业的价值理念，还影响幼儿园教师的专业认同。因此，幼儿园教师应积极主动地调适自己的心理状态，改善职业心态，还要为自身树立合理的工作目标和人生期望，最关键的是重新树立使命感，客观评价自己的职业选择和职业信念，摒弃社会上浮躁风气的影响，转变评价自己的职业价值和人生价值的立场。在受到诱惑的时候，幼儿园教师应知道奉献的可贵。幼儿园教师应提高自己的生存境界，在权、利、责的统一中，体现自我的存在价值。确立这样的生存观，幼儿园教师才能摆脱自己无根基的生存状态，以一种正确的态度认识幼儿园教师这一职业，不断消除自我专业认同危机。

---

①郭韶明：《职业认同：教师成长的内动力》，载《教师博览》，2006(12)。

(二)树立良好的道德修养意识

传统幼儿园教师被赋予了狭隘的概念，教师的教学行为不是道德行为，只是一种实现有效教学的技术行为。实际上，教育是一种内在的道德，尤其是幼儿教育，因为幼儿园教师每天面对的是幼儿，教师的一举一动都在幼儿的眼里，对幼儿产生着影响。幼儿园教师每天对幼儿所采取的行动都是关乎道德的，比如活动中面对某一教学问题该用哪一种策略、哪一种手段，该把注意力投向哪里，什么时候采取哪种行为等。幼儿园教师需要不停地在利益与要求之间做出权衡。幼儿园教师道德修养要求幼儿园教师能够了解到自身行为的伦理性，了解关于幼儿教育的伦理要求。

用放大镜去看
孩子的优点

有学者曾指出，人如果缺失了道德修养，就会非常容易为所欲为，不受控制，无法思考到行为背后可能产生的重大影响，对整个社会或者教育的发展来说，它是非常危险的。对幼儿的教育亦是如此，幼儿在幼儿园和幼儿园教师接触得最多，幼儿受教师的影响非常之大，教师的行为比其他的教育教学更重要。所以，幼儿园教师要以专业技能、专业知识为根本，以专业活动为依据，通过增强自身的道德修养进而增加对道德修养的认识、道德修养行为能力以及道德修养情意，既通过学习专业知识来提高伦理认识，又通过发展增强专业情意的伦理意志，培养提高专业技能的道德修养行为能力。如此循环往复，促进幼儿园教师自身道德的发展和生成。

(三)革旧鼎新，摒弃陈旧的传统师德和教育习俗

传统师德和教育习俗对教师道德修养行为有着特殊作用，它以是否合乎习惯作为评价教师行为的标准，判断其行为的善恶，使其在不知不觉中受到影响，自然而然地接受下来。但是，社会生活是复杂多变的，幼儿园教师的道德修养随着时代的发展也被赋予了新的内涵。传统的师德观念和教育习俗中既有合理的因素，也有一些不合理的因素。积极的师德观念和教育习俗有利于推动社会的发展和教师道德修养的进步，能够被新的师德观念和教育习俗继承和发扬，但也有一些陈旧的观念（如棍棒底下出孝子、不打不成才等）在潜移默化地影响着幼儿园教师的行为和决策的制定，由此影响幼儿的发展。因此，幼儿园教师要革旧鼎新，及时更新教育观念与理念，摒弃陈旧的师德和教育习俗，对旧的教育传统习惯进行辩证剖析，充分利用其所包含的积极要素，促使新的师德观念和教育传统习惯的形成、发展。此外，树立

终身学习理念，不断吸收新知识、新思想，理解社会的价值取向、伦理规范、现代教育理念，在伦理认识上适应社会与时代的发展变化。崇高的师德是科学的世界观、人生观、价值观的具体体现，科学的理论是实践的先导。要提高对道德修养的认识，培养伦理意识，铸造良好师德，就必须认真学习，更新观念，提高自身的伦理素养。

（四）自我解压，克服职业倦怠

人所面临的压力在客观上是不可避免的，尤其是职业女性所承载的压力，是由社会因素、历史因素、生理因素以及女性自身因素四个方面造成的。幼儿园教师也一样。社会的变化，幼教改革的推行，各种复杂的内外部事物的变迁，都可能会对幼儿园教师的心理造成冲击，如果不及时解决矛盾，排遣心中的困惑，就会导致心理障碍，从而对自己的生活和事业造成恶劣的影响。然而，压力的克服不能仅仅依靠外在制度的保障或社会支持系统的建立，更重要的是幼儿园教师要学会自我调整，疏导专业压力，克服职业倦怠。

关于幼儿园教师职业倦怠的一个调查

首先，幼儿园教师要进行合理的自我定位，重新审视和设立自己要追求的人生目标，反省自己的角色定位。幼儿园教师可以通过建立对自己的合理期望，对自身的专业角色定位给予合理的认识，积极"悦纳"教师角色，从而提高坦荡面对职业压力和心理困扰的能力。

其次，幼儿园教师还要善于提高自身能力，这也是缓解压力的有效途径。拥有较高职业素养和教育教学技能的教师，在面对各种教育问题时往往能够驾驭自如，其自信心也会增强，所感受到的压力也自然会降低强度。

再次，幼儿园教师在面对因工作而产生的心理上的烦躁、焦虑、泄气等不良情绪时，可以充分利用心理支持系统。心理支持系统包括家人、朋友、亲戚、同事、心理咨询专家等，可以把内心的压抑忧愁向他们倾诉，寻求社会支持和情感依托。快乐和他人分享会更快乐，忧愁向他人诉说就会减轻，倾诉的过程就是缓解心理压力的过程。此外，幼儿园教师可以通过自己喜欢的方式去排遣自己的消极情绪，比如唱歌、听音乐、运动、外出旅游等。

最后，幼儿园教师还要善于管理时间和精力。压力的产生往往与时间的紧迫感相伴随，只有妥善安排时间，合理制订计划，分清事情的轻重缓急才能缓解内心压力，克服职业倦怠。

(五)培养良好的个性品质

虽然并不能保证具有良好个性品质的幼儿园教师就一定会是优秀的教师，在任何情况下都绝不会做出违背道德修养的事情来，但是我们很难想象缺乏爱心、情绪暴躁、对待生活悲观失望、人际关系糟糕的幼儿园教师能够成为优秀的教师。因此，要想成为合格的甚至优秀的幼儿园教师，就必须注重自身良好个性品质的养成，弥补个人缺陷和克服不良的个性倾向。健康、和谐、文明的外部环境固然是良好个性品质形成的土壤，但更重要的是能进行自我矫正，正视自己的不良个性倾向，通过积极的自我努力、自我完善，寻找避开和遏制不良个性倾向的途径，从而培养良好的个性品质。

首先，幼儿园教师要学会"致知"，即明伦察物，学思结合。学习可以使"逸者得勤，昏者得明，迷者得醒，丧魄者得救"。幼儿园教师必须加强自我学习，积累心理学等多种专业理论知识，并通过工作实践积极加以内化，这样才能掌握探求真与善的方法，明了事理，与人为善，增强自制力，实现通达的人生境界，最终建构起符合素质教育要求的良好个性品质。

其次，幼儿园教师要善于内省。内省是教师健全良好个性而进行自我教育的重要方式。通过不断的知觉内省，幼儿园教师能够对道德修养及其客观性形成较深和较全面的认识，从而使自己的个性情感趋于稳定、深刻，使伦理意志增强。

最后，幼儿园教师还要善于进行自我优化。幼儿园教师要善于对自身人格特质进行客观全面的分析，发掘优点并加以继承，剖析缺点并加以改进或扬弃，经过采集、重塑，使自己的个性品质焕发出鲜明、独特的光彩。

学以致用

简答题

1. 如何构建良好的幼儿园文化制度？
2. 幼儿园教师如何通过自身的努力来提高道德修养水平？
3. 简述幼儿园教师道德修养的基本保障。

第三讲

影响幼儿园教师专业发展的因素

头脑风暴

　　一位学前教育专业的毕业生去某市的幼儿园应聘，园长说："你没有经验，我们幼儿园需要有经验的老师。"她建议该毕业生回农村幼儿园工作，那样更有助于自身发展。当时，该毕业生觉得这个园长看不起农村学生，有点生气。该毕业生回到农村以后，在幼儿园工作了近五年，因为综合素养高，受到了领导的重视。幼儿园里比她年长的教师很多，但是园长让她做助理。现在想起来，她觉得那个园长说得很有道理。如果去了一个城市幼儿园，可能她现在只是一个默默无闻的带班教师，提升的机会很少。农村幼儿园虽然规模小，却给自己提供了展示的舞台。

　　思考： 1. 园长说的有道理吗？

　　　　　　2. 该毕业生留在农村工作能够更好地实现自己的人生价值吗？

　　幼儿园教师的专业发展是幼儿园教师在其职业生涯中，学习幼儿园保教工作的专门知识与技能、内化幼教专业规范、形成幼教专业精神，表现为专业自主性并实现专业责任的历程。在此历程中，幼儿园教师既受到许多外部因素的影响，也受到自身内在的心理因素的制约。影响教师专业发展的决定性因素是教育实践活动和道德修养水平。一个具有较高教学技能的教师，其师德水平不高，也难以为师。所以，我们把幼儿园教师职业道德作为其专业发展的聚集点，把主体的自身实践活动看作幼儿园教师专业发展的根本动力。

一、影响幼儿园教师专业发展的个人因素 ●●●

（一）认知能力

　　幼儿园教师的认知能力主要是指幼儿园教师对教学行为及教学情境进行感知、理解、判断、决策以及解决问题的能力。幼儿园保教活动是一项复杂程度很高的活动，幼儿园教师既要承担教学工作，也要承担保育工作。以游戏为主要形式的幼儿园教学活动的展开，教学内容的选择，幼儿特点的分析，活动进程的调控等，无不依赖于教师的认知能力。认知能力对幼儿园教师专业发展的影响表现如下。

第一，对教师的教学效果产生重要影响。认知水平低的教师在思考保教问题时思维简单、直接，视野也不够开阔；而认知水平高的教师善于进行抽象思考，着重理解问题之间的关系。幼儿园保教活动以游戏为主，需要将有关的生活经验转化为游戏的能力，特别是在幼儿做出反馈以后给他们以积极的回应，从而鼓励幼儿积极参与到各类活动中去。由此可见，幼儿园教师的认知能力对其教学效果产生重要影响，而教学效果又反过来影响着教师的专业发展。

第二，认知能力影响幼儿园教师对保教活动中问题的处理方式，决定其教育机智的形成和发展。幼儿是发展中的个体，他们的世界具有无限的可能性。在幼儿园保教活动中，幼儿是生动活泼的，随机事件频频发生，教师需要随时调整教学行为，选择和决策最佳的行为方式。在这种复杂、不确定的环境中的决策和行为主要依赖于其认知能力。具有较高的认知水平的幼儿园教师能够对幼儿的活动进行敏锐地观察，对偶发事件做出准确地判断，及时做出正确回应，合理地调控教育进程，顺利实现教育目标。

真题再现

平时嗓门很大的小强，在回答老师提问时声音却很低，老师批评说："声音这么小，难道你是蚊子吗?"话音刚落，全班哄堂大笑，该老师的做法（　　　）。

A. 合理，有助于促进幼儿自主学习

B. 合理，有助于激发幼儿主动反思

C. 不合理，没有体现对幼儿的尊重

D. 不合理，歧视幼儿的生理缺陷

——2015 年上半年幼儿园教师资格考试(综合素质)真题

(二)师德修养状况

幼儿园教师有别于其他的职业。它是基于幼儿自身，以促进幼儿全面发展为目标，将教育理论运用到具体的教育实践中。因此，它要求从业人员具备良好的道德品质。如果幼儿园教师缺乏道德修养，那么教师的教育功能也会受到威胁，甚至直接影响大众对整个教育行业的认知。幼儿园教师职业道德有显性和隐性两种表现途径。显性表现是可以在幼儿园中看得见的，如各种以教师为实施对象的制度和规范。隐性表现是内在的，如社会成员对幼儿园教师的道德期待，以及幼儿园教师对所认为的能做与不能做的原则的把握。

教师来到幼儿园工作时，就开始承担起教师角色。"角色是个人作为一定地位占有者所做的行为。"①我国学者指出，社会角色包含了角色扮演者、社会关系体系、社会地位、社会期望和行为模式五种要素。教师角色既代表教师个体在社会群体中的地位和身份，又包含着社会所期望的教师个人表现的行为模式。师德是实现这种角色认同的基础。教师角色也是一种社会责任，违背这种责任不合乎专业的行为。在幼儿园教师的专业发展中，师德是教师达到内在于教学实践的善，是优秀的幼儿园教师存在的先决性条件。如果缺乏这种职业道德，他就不能成功地承担教师角色，也难以实现专业社会化。

真题再现

老师组织集体游戏时，发现嘉嘉独自一人专注地看着落在地上的小水珠，老师走过对嘉嘉说："还是先跟大家一起玩吧，游戏后再观察，然后把看到的告诉老师和小朋友，好吗?"该教师的做法（　　　）。

A. 保护了幼儿自主探索的兴趣

B. 保护了幼儿自主游戏的活动目标

C. 忽视了幼儿仔细观察的需求

D. 培养了幼儿的动手能力

——2015年上半年幼儿园教师资格考试(综合素质)真题

教师是在处理个人与他人、个人与集体的利益关系中成长起来的，这些关系的处理需要道德的力量。师德是教师进行职业交往、解决利益冲突和矛盾的重要准则。就教师职业来说，教师通过教学实践活动可获得外在利益和内在利益。所谓外在利益是教师在一定社会条件下，通过教学实践活动所获得的奖励或金钱等；而内在利益是教师在教学实践活动中所取得的经验、体悟、愉悦、成就感及幸福感等。如果一个教师只是为了外在的利益而从事教学实践活动，那么他就是陶行知批评过的在校园里贩卖知识的人，不会是真正从事教育事业的人。师德能够维持教学实践，使

①全国13所高等院校《社会心理学》编写组编：《社会心理学》，68页，天津，南开大学出版社，2016。

教师获得教学实践的内在利益，因而成为教师追求教学卓越的精神支柱。优秀教师也正是在获得教学实践的内在利益中发展成长的。

（三）专业发展动机

任何一名优秀的幼儿园教师的成长都是一个漫长的学习过程。幼儿园教师想要在工作实践中不断地学习、求知、探索、进取，追求教育教学的卓越与完美，需要依靠强烈而持久的专业发展动机。从来源上说，动机分为内部动机和外部动机。内部动机的主要特征为对活动本身的注意和兴趣。心理学家布鲁纳认为，内部动机由三种内驱力引起：一是好奇的内驱力；二是胜任的内驱力；三是互惠的内驱力。人们对工作本身的兴趣与探索就是一种好奇心所驱使的求知欲。外部动机是由活动以外的刺激对人们诱发出来的推动力，其主要特征为关注外在的奖励、外在认同和外在的指导。

内部动机和外部动机都对幼儿园教师的专业发展有重要影响。一般来说，选择幼儿园教师职业的人喜欢幼儿，对幼儿有亲和力。那么，内部动机就能使幼儿园教师的保教工作变成一种令人愉快的活动，对此产生满足感。正是这种兴趣和愉悦的体验，才能激励教师做好自己的工作，在专业上有所作为。教师对教育事业及幼儿园工作的热爱程度越高，就会认为自己正在从事的工作给自己带来了成就感，他的专业发展动机就越强烈，教学工作的积极性就越高。外部动机在教育教学工作中也可以起到激励和指导教师行为的作用。在面对国家学前教育事业的宏观目标和发展方向时，外部动机决定教师保教行为的目标定向。职业倦怠是影响教师工作积极性的重要因素，如果相信自己是因为运气不佳而导致工作中出现失误，会让他们失去职业兴趣。这就是外部动机的反作用。

二、影响幼儿园教师专业发展的环境因素 ●●●

（一）教育政策

教育政策是国家和政府制定的调整教育领域的社会问题、利益关系的公共政策，是为实现一定历史时期国家教育目标而制定的行动准则。就我国教育政策而言，教育政策的表现形式主要包括路线、方针、原则、法律、行政法规、规范性文件及规章等，其中行政法规、规范性文件和规章是我国教育政策体系的主体内容，是直接指导教育工作的具体规范。国家的教育政策是影响教师发展成长的宏观环境因素，它为教师专业发展提供了基本的物质和精神保障，体现了国家和社会对教师的基本要求。

教师对于教育改革的成功、教育质量的提高有重要作用，政府应当为教师发展与提高提供政策保障。我国已经制定了一系列有关教师的选拔、培养、考核、待遇制度与政策，作为发展中国家，这些政策在实际执行过程中出现了偏离政策目标的现象。目前，城乡发展仍然存在一定差距，农村教育是国家教育的短板，而农村学前教育又是短板中的短板。农村地区普遍存在教育经费紧张、办学条件差、教师工资不能按时足额发放的问题，严重挫伤了教师从教的积极性，致使大量中青年优秀教师外流。

政府在发展学前教育事业方面起主导作用，必须要切实执行党和国家教育方针政策，为教师发展成长营造良好的社会氛围。各级政府要加强教育政策的宣传和执行力度，把国家的教育政策落到实处、产生实效，使教师职业真正成为令人羡慕、令人尊重的职业。良好的社会氛围会产生巨大的精神力量，并激励教师爱教、乐教。

相关链接

在幼儿园经常听到老师的"数数口令"，而孩子们听到老师数数的口令，便迅速按照要求去做。这个数数口令像是"圣旨"一样，不管在什么情况下，不管孩子们在做什么，他们都会放下一切遵从老师的口令。例如，中班吃饭，老师看到还有四五个幼儿没吃完，就说："老师数个数，你们全吃完啊！"孩子们大口大口地、狼吞虎咽地吃着，有的甚至被呛到直咳嗽。户外活动的时候，老师要带孩子们回屋了，于是对自由活动的孩子们说："老师数数，都到这儿排队。"孩子们拼了命地往老师那儿跑，有的孩子被绊倒，有的孩子撞到了一起。"数数口令"被老师运用得如此泛滥，而我们的孩子又是那么地"听话"。

请你结合所学知识，谈谈你对幼儿园老师滥用"数数口令"的看法。

(二)幼儿园管理

幼儿园管理水平直接影响教师的归属感，影响教师从教的意愿，对教师的成长具有直接的决定作用。有效的管理可以令幼儿园形成和谐的人际关系氛围。氛围是一所幼儿园内部经过长期积累形成的特性，可以被全体成员亲身体验到，对所有教师行为具有很强的同化和规范作用。为了提高幼儿园的影响力，园长一般会选派最优秀的教师参加活动，其他成员则以辅助形式给予后勤保障，久而久之，难免会使一部分教师产生不和谐的情绪，从思想上认为被幼儿园所忽视，失去专业发展的动力。提高幼儿园管理水平就是建设教师团队。要想使团队达到真正意义上的和谐，就必须使大家在精神上达到和谐统一，这种精神上的和谐统一来自对团队和自己的价值认同，教师一旦感受到自己在团队的价值，就会更加积极地为团队出力。团队的力量壮大了，和谐的幼儿园氛围建立起来了，每个教师都会受益。

良好的幼儿园氛围能够为每个教师提供富有挑战性的工作机会，人尽其才，物尽其用，激励教师持续成长。人的行为必须从人与环境的相互作用的角度来加以考察和理解。理解人的行为就需要我们考虑行为发生的整个环境。个人在组织背景中的行为不仅仅是由个人的个性特征引起的，还要受个人所处的整体情境的影响。有激励作用的氛围应当充满理智，强调理智的活动；所有教师应树立刻苦工作的意识和对幼儿园发展的责任感；在工作中体现务实的精神，教师之间友好合作。这样的幼儿园管理才能够具有满足教师"智力—认知"需要和"社交—情感"需要的潜在力量，才可以充分发挥全体教职员工的主动性、积极性和创造性，使教师为实现自我而努力。

真题再现

某幼儿园教师钱某实名举报丁园长的违法乱纪行为，园长知晓后，招来社会人员殴打钱某，导致钱某受伤，对园长的行为应依法(　　)。

A. 给予行政处罚　　　　　　　　B. 追究刑事责任

C. 给予行政处分　　　　　　　　D. 追究治安责任

——2016年下半年幼儿园教师资格考试(综合素质)真题

(三)教师群体文化

人类及其组织作为社会文化的产物，都存在于某种特定的文化环境之中，并受到这种文化环境影响。在整个社会结构中，教师是一个十分庞大的群体。群体的文化决定其吸引力和社会的认可度。教师成长不仅受到社会、学校等环境因素制约，还受到教师群体文化的熏陶。教师文化是指在学校教师群体内形成的独特的价值观、共同的思想作风和行为准则等。它属于教学职业文化的范畴，是教师成长的"小环境""小气候"。在教师群体中，如果个人特别看重群体成员的尊重和认可，尤其是如果群体的内聚力又极强，这种遵守群体准则和不负群体期望的倾向甚至会左右他对"现实"的看法，他也将会根据群体内外成员所抱的期望来工作。

幼儿园教师大多是年轻教师。年轻人的特点是好胜心强，有很强的竞争意识，但过度竞争往往会导致负面现象的产生，严重影响教师之间的合作。良好的教师群体文化营造关系融洽、乐于合作的人际环境，这样才能增强教师的积极性，提高工作效率。合作的群体文化有助于形成良好的同事关系，使教师之间能够在知识和信息上充分交流、共同分享，在思想、信念、态度方面相互影响和促进。教学经验的交流，有助于个体发展和教学水平的提高。所以，影响教师专业发展的环境因素最主要的不是让教师学习某些学科知识或教育知识，也不是个别教师的独立"反思"，而是根据共事、开放、信任的原则，构建一种合作的教师文化。

幼儿园教师文化的
结构要素

▶**学以致用**

简答题

1. 简述幼儿园教师认知能力的特点。

2. 如何营造良好的幼儿园氛围？

3. 影响幼儿园教师专业发展的环境因素有哪些？

4. 良好的教师群体文化对幼儿园教师专业发展有什么意义？

第四讲

幼儿园教师专业发展的基本保障

头脑风暴

有一所新开办的幼儿园，新手教师特别多。因为开学工作忙，园长在教师会议上口头交代了幼儿园工作的注意事项。在园长看来，幼儿园教师应该做什么或者不应该做什么，不用说大家也应该知道。比如说不能打幼儿，不能吃幼儿的东西。但是，有的老师经常踩点到岗，甚至迟到，尤其是那些刚毕业的教师，时间观念特别差。后来，园长完善了各项规章制度，并且宣传到每位教师，幼儿园工作才逐渐走上了正轨。

思考： 1. 规章制度对一个人的约束力真的很大吗？

2. 如何预防幼儿园教师违反幼儿园管理规定？

通过对影响幼儿园教师专业发展的个人因素与环境因素的分析，我们可以发现教师的专业发展受到多因素制约，需要多部门全方位提供各种保障措施。各级政府和教育行政部门要维护幼儿园教师的合法权益，为幼儿园教师的专业发展提供政策保障。教师教育机构应加强对学前教育专业学生综合素质的培养，提高新手教师的教育教学能力，为幼儿园教师专业发展提供前提性保障；教师管理部门和幼儿园要重视教师的专业发展，建立规范的专业培训管理制度，为幼儿园教师专业发展提供支持性保障；幼儿园教师自身要加强自主专业发展意识，主动学习，积极参加各种教研活动，是其发展的自主性保障。

一、国家层面的政策性保障 ●●●

为了使幼儿园教师能够尽快适应工作，全身心投入幼儿园保教活动中，国家相关部门必须要颁布相关法律、法规和政策，规范教师准入制度，建立专门的教师管理机构，提供充足的经费保障幼儿园教师的专业发展。

（一）制度保障是世界学前教育教师队伍建设的趋势

早在1986年，美国发表的《明日的教师》报告中就提出了美国教师教育改革的目标与教学专业改进计划，提出要建立初任教师、专业教师和终身专业教师三级教师证书制度，对教育从业人员的准入资格和职后培养提出了明确的措施。2002年，布什政府颁布《不让一个孩子掉队法案》，明确了教师的资格质量，该法律中有多项是关于教师专业发展的资助方案。2009年，奥巴马政府修改《不让一个孩子掉队法案》，其中特别强调提高教师的教学质量和改善工作条件与待遇，凸显学校系统和教师的专业自主权。2015年，奥巴马政府颁布《每一个学生成功法案》。

进入21世纪，英国政府颁布了《每个孩子都重要》《儿童保育十年战略》等多个重要法令，加大了对幼儿教育的经费投入，资助公办的幼儿学校、保育学校和社区幼儿服务中心，极大地推动了英国幼儿教育事业的发展。

在制度保障方面，国内虽然地步晚，但是发展稳健。特别是改革开放以后，针对教师队伍建设各类文件相继出台。为促进幼儿园教师专业发展，建设高素质幼儿园教师队伍，依据《中华人民共和国教师法》，教育部 2012 年颁布了《幼儿园教师专业标准(试行)》。《幼儿园教师专业标准(试行)》明确了幼儿园教师是履行幼儿园教育工作职责的专业人员，需要经过严格的培养与培训，具有良好的职业道德，掌握系统的专业知识和专业技能。《幼儿园教师专业标准(试行)》是国家对合格幼儿园教师专业素质的基本要求，是幼儿园教师开展保教活动的基本规范，是引领幼儿园教师专业发展的基本准则，是幼儿园教师培养、准入、培训、考核等工作的重要依据。但是，我国对幼儿园教师的职后培训缺乏重视。以幼儿园为本位的园本培训，培训的质量有待提高。这是由于缺乏国家层面更为有力的支持，幼儿园教师专业发展的支持力量与发达国家相比还略显不足。

真题再现

星期一，A 老师埋怨地说："孩子在家过了一个双休日，再回到幼儿园后，许多良好的行为习惯就退步了，不认真吃饭，乱扔东西，活动时喜欢说话，真不知道孩子在家时，家长是怎么教育的!"站在一旁的 B 老师颇有同感地说："是啊，如果家长都能按我们的要求去教育孩子，我们的工作就好做多了!"A 老师接着说："可这些家长不按我们的要求去做倒也罢了，还经常给我们提这样那样的意见，好像我们当老师的还不如他们懂得多，真拿这些家长没有办法……"

请你运用幼儿园与家庭相互配合的有关理论，分析和评论 A、B 老师的教育观点，并结合幼儿园教师职业道德修养谈谈家园合作对幼儿发展的重要意义与目前存在的误区。

——2012 年上半年幼儿园教师资格考试(保教知识与能力)真题

(二)贯彻相关法规制度，保障幼儿园教师的合法权益

《中华人民共和国义务教育法》的颁布和实施对我国义务教育的发展起到了决定性作用。遗憾的是，学前教育没有被纳入义务教育序列，即便是后两次的修订，也没有提到学前教育相关事务。自 2010 年以来，我国虽然颁布了多项有关重视学前教育的政策文件，但是部门的政策文件与法律的约束力不能相提并论，这也是多年来学前教育发展滞后于其他教育阶段教育的主要原因。值得期待的是，教育部关于《中华人民共和国学前教育法草案(征求意见稿)》公开征求意见已于 2020 年 10 月 7 日结束，相关立法工作正在进一步推进。

《中华人民共和国教师法》第二十五条规定："教师的平均工资水平应当不低于或者高于国家公务员的平均工资水平，并逐步提高。建立正常晋级增薪制度，具体办法由国务院规定。"但是，受到地区经济发展差距的影响，一些地方并没有达到这一标准。在一些欠发达地区，幼儿园教师的平均工资水平远远低于国家公务员的平均工资水平。在当前加快发展学前教育的形势下，幼儿园教师待遇低，势必影响学前教育专业师范生加入幼儿园教师队伍中来，制约整个幼儿园教师队伍专业化的发展进程，影响幼儿园的教育质量，也会影响学前教育事业的可持续发展。

相关链接

在一节美术课上，老师的教学目的是引导幼儿想象，以"人格化"的手法画出海洋中欢乐的动态形象。老师说明具体要求之后，便给幼儿发下了水彩笔等美术材料。接着，老师开始在教室里来回走动，适时给幼儿提供指导。然而，这时老师发现有位小女孩并没有用水彩笔画画，而是用自己带来的彩色铅笔画了一幅"淡淡"的海洋世界，老师对此表现出了一丝丝不满，对小女孩说："你怎么不用水彩笔画，这个不行，贴在墙上后家长来了看都看不到，用水彩笔重新画吧。"之后，老师又转身指着另一名男孩的画说："你在这里再画一些水草吧。"可男孩始终不动笔，老师有些烦了，问："你怎么还不画？"孩子非常自信地说："我觉得已经很漂亮了，不用再画了。"老师一听皱了皱眉头说："你在这画上水草会更漂亮……"

终于，该男孩不得不画上水草。

请结合所学知识，谈谈你对上述老师做法的看法。

二、学前教育专业培养计划提供的职前教育保障 ●●●

学前教育专业的毕业生是我国幼儿园教师队伍的主要来源。学前教育专业师范生的培养质量如何将影响学前教育的质量以及师范生个人的未来发展。[1] 学前教育专业培养计划既要注重设置系统的专业理论课程，加强专业知识的学习，又要注重加强实践环节训练，培养学前教育专业师范生解决问题的能力。此外，还要注重学前教育专业师范生的职业理想信念的培养。

---

[1] 为建立学前专业师范生教育教学能力考核制度，教育部于 2021 年 4 月 6 日发布《学前教育专业师范生教师职业能力标准(试行)》，以学前教育专业培养提供考核依据。

（一）职前教师教育应加强师范生职业理想与信念的培养

所谓信念，指的是一种对事物或命题确信不疑、完全接纳的心理倾向或状态，是对某种事物、对象或命题表示接纳、赞成或肯定的态度。我国学前教育专家陈鹤琴非常注重师范生专业态度与信念的培养，强调师范生要有"四业"，即"敬业、乐业、专业与创业"的精神。他特别指出，幼儿园教师要有慈母般的心肠、丰富的知能、爱的性情和研究的态度。喜爱幼儿、热爱幼儿园教师的职业是做好保教工作的前提条件。因此，师范院校的培养计划要注重职业信念教育，坚定学前教育专业师范生终身从事幼儿园教师的工作的决心。

在职前教育阶段还要特别强调教育实习、见习工作，学前教育专业师范生需要走进幼儿园，耳濡目染，切身体验幼儿园教师的工作。通过参加教育见习、教育实习工作，学前教育专业师范生能够更多地接触幼儿园的实际教育环境，使自身从思想上、行为上和情感上逐步按照幼儿园教师的专业标准要求自己，能够真正明白幼儿园需要什么、幼儿园教师必备什么。这有助于学前教育专业师范生进行针对性学习。

（二）职前教师教育应强调教学的实践性

理论知识与实践能力相脱节是师范教育乃至高等教育的通病。如果学前教育专业的学生对幼儿身心发展特点的了解只限于书本知识，那么面对复杂的、真实的教学情境时，他们便会显得不知所措；如果不熟悉幼儿园的一日常规内容，他们的班级管理能力便会较弱。此外，学前教育专业的学生在保教活动的设计与实施能力、创设与利用环境能力、研究、反思与评价能力等方面都需要加强。

1940年，陈鹤琴在江西创办了一所幼儿师范学校，除要求学生必须掌握专门知识，还特别强调课程应当充分体现师范性和专业性。他认为应当掌握以下几方面的知识。第一，专业学科知识，即本体性知识，如游戏、保育法、幼儿园各科教法。第二，教育学、心理学等方面的知识，即条件性知识。此外，陈鹤琴认为除了普通心理学、教育心理学、教育概论等课程以外，幼儿师范学校的学生应当掌握的知识还要包括儿童心理和幼儿教育等方面，通过教育实习将理论知识应用于实际。他还要求学生具备儿童体育教育方面的知识。

新手教师在入职适应过程中遇到普遍的问题是理论与实践脱节。陈鹤琴认为，职前教师教育的理论教学并非仅仅是让学生记住教育学、心理学领域的规则、原理、概念等，停留在灌输知识的理论水平上，而是应该体现在指导实践、促进实践反思、提升实践反思水平的作用上。他强调理论学习应用于实践，加深在实践中对教育的理解与反思。职前教师教育要在注重学生理论学习的同时，让学生学会将专业知识应用于实践。

三、教育行政部门和幼儿园的支持与指导 ●●●

根据教师管理办法，按照"省考、县管、校用"的原则，新任中小学、幼儿园教师实行全省统一公开招聘考试，并对中小学、幼儿园教师资格实行五年一周期注册，打破教师资格终身制。教育行政部门负责教师的考核与管理，幼儿园是教师的聘用单位，也是教师发挥职能的场所。教育行政部门和幼儿园应充分发挥专业支持与指导的职能，严格把好入口关，保证幼儿园教师队伍的质量。

幼儿园教师队伍素质直接影响幼儿园的保教工作的完成。2005年，教育部颁布《教育部关于规范小学和幼儿园教师培养工作的通知》，要求"要逐步将小学和幼儿园教师的培养纳入高等教育层次。积极支持普通本科院校举办小学教育和学前教育专业。……突出教育实践环节……积极探索小学和幼儿园教师培养特点和规律，不断提高人

幼儿园是乡村
最美的地方

才培养质量"。2012年，《教育部 中央编办 财政部 人力资源保障部关于加强幼儿园教师队伍建设的意见》强调要严格幼儿园教师资格准入制度，幼儿园教师须取得相应的教师资格证书。2015年，我国全面推行教师资格全国统考，提高了教师入职门槛。

教育行政部门要规范教师的试用期考核程序，将优秀的教师留在教师队伍中，将不合格的教师淘汰。按照《幼儿园教师专业标准（试行）》的要求招聘幼儿园教师，保证幼儿园的保教工作质量，保证学前教育事业的顺利发展。

四、自主发展是幼儿园教师专业发展的持久保障 ●●●

自主是建立在个体尊重自己和他人的基础之上的。自主的行为是一种自愿自发的、自我选择的、自我控制的，为之负责任的行为。英国课程专家劳伦斯·斯滕豪斯提出，教师专业发展的关键在于自主专业发展的能力。自主专业发展有三个途径：系统自学、研究其他教师的经验和在教室里检验已有的理论。幼儿园教师通过自主发展能达到提高自身专业素质和业务水平的目的。

（一）幼儿园教师自主专业发展的必要性

自主专业发展有利于塑造幼儿园教师的职业形象。任何职业都具有社会性，从业人员的社会地位和声誉，取决于它的专业化程度。从理论上讲，幼儿园教师的职业应当被视为专业，因为它要求教师有系统的专业伦理、知识和专门的技能作支撑，有专

门的技能作保证；要求教师以"儿童的利益高于一切"理念作为行动原则，要求教师能"专业自主"。对于教师个人来说，意味着能够运用专业知识进行专业判断与决策。但是，幼儿园教师的社会地位不如其他教育阶段的教师，其专业化没有被普遍认可。这就需要幼儿园教师不断地加强学习，走专业自主发展之路，塑造幼儿园教师作为专业人员的职业形象，用自身的专业水平提高幼儿园教师的社会地位与职业声望。

另外，所有的发展都应该是主体的自觉发展，任何外在的强迫压制要么起到相反效果，要么难以持久。自主发展强调教师是自身专业发展的主人，要为自己的专业发展负责任。实际上，教师自主发展的根本就在于教师内在素质的提升，实现自身的价值。幼儿园教师要有坚定的专业发展信念，强烈的自主发展意识。学会独立自主地学习、实践、研究与反思，制订适合自身发展阶段和实际情况的计划，不断地发展和完善自己专业素质结构，实现职业价值。

(二)幼儿园教师自主专业发展的途径

陈鹤琴把进行自主性学习作为影响教师教育教学水平的一个重要因素，要求教师要自觉学习，阅读教育教学理论书籍并养成习惯。随着时代的发展，教育知识也在不断更新。教师求学阶段学习的知识可能在走上工作岗位时就已经过时了。所以，幼儿园教师是一个需要不断加强学习与反思，不断更新知识结构，提升教学能力的职业。每位幼儿园教师在职业生涯的每个发展阶段都要不断学习"充电"，只有这样才能适应社会的发展需求。

自主发展是幼儿园教师专业发展的保障。幼儿园教师自主发展主要通过主动学习、合作学习与反思性学习来实现。教师的学习是一种主动学习，是区别于学生时代的成人学习。成人学习有其特点：自愿的学习、主动的学习、有需要的学习。成人因为需要和兴趣而学习时，就会产生强烈的学习动机。成人的学习差异较大，学习者的风格、特点、速度等都有很大的不同，因此，为学习者提供适宜的学习环境是很重要的。与学生时代的学习相比较，教师的成人学习，需要承担更多的社会角色与责任，有较强的自我发展意识，有能力选择学习内容，有明确的发展方向。

教师的合作学习是指在平等的基础上，通过专业对话和知识协商，以达成教师的教学共识并获得教师共同成长的发展过程。教师在合作学习过程中，以交流、分享、切磋的方式提高专业水平和文化修养。

反思性学习也是教师学习的一条重要途径。幼儿园教师要善于在经验中学习、研究，在经验中理解把握幼儿的特点，在教育实践中研究幼儿发展的特点与学习规律，并不断提高自身研究、分析、评价幼儿的能力。幼儿园教师还要学会融入幼儿的一日生活，学会在自然状态观察、了解幼儿的行为，思考幼儿发展的规律、水平、特点，并坚持做记录，写反思日记。

▶ **学以致用**

简答题

1. 幼儿园教师专业发展为什么需要国家政策保障？

2. 如何在职前教师教育中加强学前教育专业师范生职业理想与信念的培养？

3. 列举学前教育专业培养计划提供的幼儿园教师职前教育保障。

4. 为什么说自主发展是幼儿园教师专业发展的持久保障？

5. 简述幼儿园教师自主学习的特点。

▶ **拓展阅读**

1. 陈大伟：《师德修养与教育法规》，北京，北京师范大学出版社，2012。

2. 郭平：《幼儿园教师综合素质与职业发展》，成都，西南交通大学出版社，2015。

3. 教育部教师工作司组编：《幼儿园教师专业标准（试行）解读》，北京，北京师范大学出版社，2013。

4. 刘星、申利丽：《幼儿园教师职业道德》，成都，西南交通大学出版社，2017。

5. 钱焕琦主编：《教育伦理学》，南京，南京师范大学出版社，2009。

6. 吴荷芬主编：《幼儿园教师的五项修炼：基于园本课程的教师专业发展》，北京，人民教育出版社，2014。

7. 线亚威主编：《幼儿园教师职业道德读本》，北京，高等教育出版社，2013。

8. 于漪主编：《教师：让青春在讲台闪光》，上海，上海教育出版社，2017。

9. 虞永平主编：《幼儿教育观新论》，北京，人民教育出版社，2006。

10. 左志宏主编：《幼儿园教师职业道德》，北京，北京师范大学出版社，2014。

▶ **基础练习**

一、单项选择题

1. 最新的《中小学教师职业道德规范》是（　　）年修订的。

A. 1997　　　　　B. 2001　　　　　C. 2004　　　　　D. 2008

2.《幼儿园工作规程》中指出，幼儿园的任务是贯彻国家教育方针，按照保育与教育相结合的原则，遵循幼儿身心发展特点的规律，实施（　　）等方面全面发展的教育，促进幼儿身心和谐发展。

A. 体、智、德、美　　　　　　　　　B. 德、智、体、美

C. 德、体、智、美　　　　　　　　　D. 体、德、智、美

二、简答题

1. 请结合所学知识，简述如何运用家庭、幼儿园的优势，构建家园互助平台。

2. 请结合所学知识，简述如何保证幼儿户外活动的安全。

实践训练

阳阳比较好动，常常不按照老师的要求活动，因此主班李老师一直都不喜欢他。班里的小朋友在一起玩玩具，阳阳与汪汪因为一辆小汽车而争抢起来，阳阳将汪汪推倒在地，并将小汽车扔出了窗外。事后，李老师将阳阳的小手绑住，把他放在教室里高高的柜子上，随即关上门离开教室。阳阳为了挣脱绳索，不慎从柜子上掉下来，摔成脑震荡，额头也缝了三针。事后，阳阳的家长要求李老师承担全部责任，但李老师认为，根据《中华人民共和国教师法》和《中华人民共和国教育法》的规定，她享有管理学生的权利，阳阳受伤是一场意外事故，她只承担部分责任。

问题：1. 你是否同意李老师的解释？有什么法律依据？

2. 从提高教师职业道德修养的角度，谈谈如何避免此类现象的发生。

·第六单元检测题·

参考答案

·课后练习题参考答案·　　　　·单元检测题参考答案·

参考文献

专著类

[1]陈伟.西方大学教师专业化[M].北京：北京大学出版社，2008.

[2]陈元魁，周德义，何一成.当代高校教师素质建设的理论探索[M].北京：高等教育出版社，2009.

[3]慈继伟.正义的两面[M].北京：生活·读书·新知三联书店，2001.

[4]大桥薰.现代教育的病理[M]//张人杰.国外教育社会学基本文选.上海：华东师范大学出版社，1989：485-505.

[5]韩映虹.学前教育原理[M].北京：高等教育出版社，2014.

[6]黄锐.幼儿行为分析与教育对策[M].北京：中国轻工业出版社，2012.

[7]瞿葆奎.教育学文集：第3卷[M].北京：人民教育出版社，1989.

[8]李季湄.幼儿教育学基础[M].北京：北京师范大学出版社，2017.

[9]联合国教科文组织.反思教育：向"全球教育共同利益"的理念转变？[M].联合国教科文组织总部中文科，译.北京：教育科学出版社，2017.

[10]刘济良.幼儿教师职业道德[M].上海：复旦大学出版社，2015.

[11]刘捷.专业化：挑战21世纪的教师[M].北京：教育科学出版社，2002.

[12]罗国杰，马博宣，余进.伦理学教程[M].北京：中国人民大学出版社，1985.

[13]庞丽娟.教师与儿童发展[M].北京：北京师范大学出版社，2003.

[14]钱焕琦.教师职业道德[M].上海：华东师范大学出版社，2008.

[15]全国师德教育研究课题组.师德突出问题典型案例评析：幼儿园教师读本[M].北京：北京师范大学出版社，2014.

[16]沈建洲.幼儿园教师专业发展[M].北京：北京师范大学出版社，2015.

[17]檀传宝，等.走向新师德——师德现状与教师专业道德建设研究[M].北京：北京师范大学出版社，2009.

[18]王毓珣，王颖.教师新师德六项修炼[M].重庆：西南师范大学出版社，2009.

[19]王正平.人民教师的道德修养[M].北京：人民教育出版社，1993.

[20]吴琼."理解"视域下的幼儿园教师评价研究[M].长春：东北师范大学，2013.

[21]杨雪.学前教育学[M].镇江：江苏大学出版社，2013.

[22]杨芷英，教师部师范教育司.教师职业道德（新编版）[M].北京：高等教育出版社，2007.

[23]姚伟.儿童观及其时代性转换[M].长春：东北师范大学出版社，2015.

[24]叶澜，白益民，王枬，等.教师角色与教师发展新探[M].北京：教育科学出版社，2001.

[25]岳亚平.学前教育原理[M].北京：高等教育出版社，2014.

[26]张燕.幼儿教师专业发展[M].北京：北京师范大学出版社，2006.

[27]周琴.教师职业道德与教育法律法规[M].合肥：安徽大学出版社，2015.

[28]朱小蔓.道德教育论丛：第1卷[M].南京：南京师范大学出版社，2000.

文章类

[1]包金玲.教师职业道德的传统与发展[J].国家教育行政学院学报，2006(6)：32-35.

[2]步社民.专业伦理与幼儿园教师的专业成长[J].教育发展研究，2013(Z2)：69-73.

[3]陈法宝.教师职业伦理失范的归因分析与对策[J].河北师范大学学报（教育科学版），2012(10)：74-77.

[4]董陶陶.新时期师德规范的内涵与重构[J].江苏高教，2009(1)：128-129.

[5]冯婉桢.从"虐童事件"看幼儿园教师专业伦理建设的重要性[J].河北师范大学学报（教育科学版），2014(1)：104-108.

[6]傅维利.简论师德修养[J].中国教育学刊，2001(5)：40-43.

[7]甘剑梅.教师应该是道德家吗——关于教师道德的哲学反思[J].教育研究与实验，2003(3)：25-30.

[8]高德胜.论爱与教育爱[J].教育研究与实验，2009(3)：1-6.

[9]顾荣芳.论幼儿园教师专业成长的本质[J].幼儿教育，2005(5)：16-17.

[10]顾晓婷.承载爱的希望——浅议关爱幼儿成长的几点体会[J].剑南文学（经典教苑），2012(10)：372.

[11]郭韶明.职业认同：教师成长的内动力[J].教师博览，2006(12)：8-9.

[12]郝林晓，折延东.教师专业能力结构及其成长模式探析[J].教育理论与实

践，2004(7)：30-33.

[13]和学新，王文娟．师德修养是师德成长的本质追求[J]．思想理论教育，2011(6)：7-11.

[14]胡碧霞．幼儿教师专业成长内涵的诠释[J]．连云港师范高等专科学校学报，2005(3)：31-34.

[15]胡晓芳．加强幼儿教师师德建设研究[J]．鞍山师范学院学报，2013(3)：90-92.

[16]蒋建华，赵林捷．道德规范的层次性及其若干问题的探讨[J]．学术界，1998(1)：82-85.

[17]蒋凯．幼儿园师德问题及建设对策研究——以锦州市区幼儿园为例[D]．锦州：渤海大学，2014.

[18]李红艳．从心理健康层面探究幼儿教师的师德建设[J]．淮北职业技术学院学报，2013(3)：66-67.

[19]李季湄，夏如波．《幼儿园教师专业标准》的基本理念[J]．学前教育研究，2012(8)：3-6.

[20]李萍．给孩子的心理添加些阳光——拒绝心理虐待[J]．中国科教创新导刊，2009(23)：244.

[21]彭亚青，周振军．新时期教师职业道德的内涵分析[J]．社会科学论坛，2006(1)：120-123.

[22]王雅茹．幼儿园教师专业伦理的缺失与生成[D]．金华：浙江师范大学，2011.

[23]王正平．美国教育职业伦理的理论研究、行为规范与实践[J]．上海师范大学学报(哲学社会科学版)，2013(6)：32-40.

[24]王卓，杨建云．教师专业素质内涵新诠释[J]．教育科学，2004(5)：51-53.

[25]夏惠贤．论教师的专业发展[J]．外国教育资料，2000(5)：44-48、40.

[26]严婕．幼儿教师职业道德建设探析[J]．郧阳师范高等专科学校学报，2016(3)：52-54.

[27]易凌云．幼儿园教师专业理念与师德的定义、内容与生成[J]．学前教育研究，2012(9)：3-11.

[28]张德伟．日本教育病理学的理论基础：社会病理学[J]．外国教育研究，2009(12)：33-39.

[29]张建伟. 反思——改进教师教学行为的新思路[J]. 北京师范大学学报(社会科学版)，1997(4)：56-62.

[30]张丽华. 播下"青苗"期待花开——幼儿园教师专业成长共同体建设例说[J]. 好家长，2014(46)：26-29.

[31]张晓辉. 幼儿教师的社会地位[J]. 学前教育研究，2010(3)：55-57.

[32]赵丽敏. 教师评价在实践中存在的问题及分析[J]. 现代教育科学，2007(2)：60-61、66.

[33]周润智. 教育病理学的视域及其理论架构[J]. 沈阳师范学院学报(社会科学版)，2001(4)：57-63.

附　录

·幼儿园教师专业标准(试行)·

·幼儿园工作规程·

·新时代幼儿园教师
职业行为十项准则·

·教育部关于印发《幼儿
园教师违反职业道德行
为处理办法》的通知·

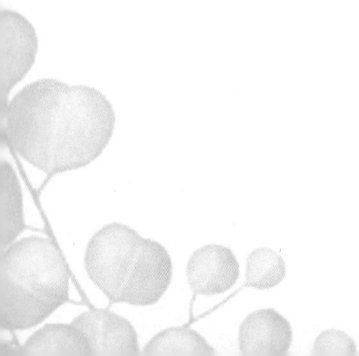

后　记

为适应学前教师教育发展的需要，我们从 2011 年开始研究和编写这套学前教师教育系列教材，2012 年陆续完成第一轮编写和出版，2016 年基本出齐。我们根据教育部印发的《教师教育课程标准（试行）》和《中小学和幼儿园教师资格考试标准（试行）》，分析了本套教材使用情况，调研了毕业生参加幼儿园教师资格证考试和就业之后的情况，从 2018 年开始对本套教材进行修订，到 2021 年基本完成。本套教材包括本科、三年制高专和五年制高专 3 个系列。每个系列又包括综合素质类课程（不含思政课）、教育类课程、艺术类课程。作者来自 40 余所开设有学前教师教育专业的高中专骨干院校，共计 473 人；主审专家来自 26 所本科院校和科研院所，共计 42 人。本套教材设立了编委会，总编为彭世华，副总编为皮军功、郭亦勤，成员为开设有学前教师教育专业的高中专骨干院校的领导和专业负责人。特别感谢庞丽娟教授对本套教材编写和审定工作的精心指导。

本套教材的修订是与对学前教师教育的系统研究结合进行的。全体编写人员认真学习教育部颁布的《3—6 岁儿童学习与发展指南》《教师教育课程标准（试行）》《幼儿园教师专业标准（试行）》《中小学和幼儿园教师资格考试标准（试行）》《普通高等学校师范类专业认证实施办法（暂行）》等文件的精神，充分吸纳学前教师教育学科的新成果，改革课程设置，调整教学内容，进一步提高教材的科学性、时代性和丰富性，以适应学前教师教育发展的迫切需要。

为确保教材的编写（修订）质量，全体编写人员严格按照"研制人才培养方案—确定册本—研制大纲—讨论修订内容—确定体例和样章—撰写初稿—主编审核反馈—修改二稿、三稿—主编统稿—主审审稿"的程序进行，完善了综合素养类课程、教育类课程以及艺术类课程的课程设置，梳理确定了各课程知识点，对课程学时进行了科学安排。

北京师范大学出版社出版教育类教材，包括：本、专科共用的《学前儿童发展心理学》《学前教育概论》《学前儿童卫生保健》《幼儿游戏与玩具》《幼儿园课程》《幼儿健康教育与活动指导》《幼儿语言教育与活动指导》《幼儿社会教育与活动指导》《幼儿科学教育与活动指导》《幼儿数学教育与活动指导》《幼儿音乐教育与活动指导》《幼儿美术教育与活动指导》《幼儿园班级管理》《学前教育研究基础》《幼儿园教师道德修养与专业发展》《幼儿园教育技术》。

高等教育出版社出版综合素养类教材，包括：三年制、五年制高专共同的《信息技术》《幼儿教师口语》《幼儿美术赏析与创作》；三年制高专《大学体育》《美术基础》；五年制高专《美术》《历史》《地理》《数学》《物理》《化学》《生物》《体育》；五年制高专《英语(一、二、三、四)》；三年制、五年制高专共用《英语(五、六)》。

语文出版社出版综合素质类语文课教材，包括：三年制、五年制高专共用的《大学语文(上、下)》《幼儿文学(上、下)》；五年制高专《语文(一、二、三、四)》。

上海音乐学院出版社出版艺术类教材，包括：三年制、五年制高专共用的《基本乐理》《视唱练耳(上、下)》《音乐赏析》《儿童歌曲钢琴即兴伴奏》《幼儿歌曲弹唱》《幼儿歌曲赏析与创编》《幼儿舞蹈创编与赏析》；三年制高专《钢琴基础(上、下)》《声乐基础》《舞蹈基础》；五年制高专《钢琴(一、二、三)》《声乐(上、下)》《舞蹈》。

为支持教师使用本套教材，各出版社还建设了相应的教学资源。编委会认真开展教学研究，并不断征求教材使用意见，定期进行教材修订。为服务教师教学与学生学习，编委会组织研发了学前教师教育课程试题库等资源，详见"幼学汇"网站。

《幼儿园教师道德修养与专业发展》分册由苏州幼儿师范高等专科学校张晗、宁夏幼儿师范高等专科学校陶玉凤担任主编。具体编写分工如下：第一单元，广西幼儿师范高等专科学校艾桃桃；第二单元，铜仁幼儿师范高等专科学校杨杰兵；第三单元，聊城幼儿师范学校赵立华、邹洪升；第四单元，青岛幼儿师范学校赵如、项慧娟；第五单元，宁夏幼儿师范高等专科学校陶玉凤；第六单元，马鞍山幼儿师范学校朱广兵；参考文献，苏州幼儿师范高等专科学校张晗、陶双骥。全书后期的通稿工作由张晗、陶玉凤、陶双骥共同完成。彭世华、李家黎、喻韬文参与了前期总体规划和编写组织工作。

本套教材的编写和修订得到了许多专家的帮助与指导。编者参阅了有关幼儿园教师培养方面的资料，由于种种原因无法联系到部分原文作者，未能一一注明资料来源。在此，谨向原著作者表示诚挚的谢意。

由于时间紧张，加上编者能力水平有限，书中难免存在不足之处，恳请各位读者批评指正。

学前教师教育系列教材编写委员会